人間の法的権利

人間の法的権利

ポール・シガート 著
初　川　　満 訳

信　山　社

Originally published in English by Oxford University Press
under the title of
THE LAWFUL RIGHTS OF MANKIND

訳者序文

国際人権法は、比較的新しい分野である。本書は、その国際人権法についてのいわば入門書であり、国際人権法とはいかなるものかを理解してもらう目的で書かれたものである。

今日、「人権」という言葉は、そう特殊な意味を持つものとはいえなくなってきている。新聞や雑誌中にこの言葉を捜すことは、もはやそれほどの苦労はいらない。だが、「人権」とは一体何なのか、と正面切って質問され、躊躇なく答えられる人は少ないのではなかろうか。それは、この概念が若いものであるというだけでなく、日本において「人権」という言葉が多様な意味に使われていることに大きな原因があるといえよう。それゆえにここでまず注意しておきたいことは、本書で扱うのはこのような「人権」一般についてではなく、まさに「人間の権利」についてであり、Human Rightsだ、ということである。つまり、ここでは「法的に認められる人の権利」について考えているのである。

法による「人権」の保護には、大きくわけて国内的手段と国際的手段が考えられる。国内的手段では、憲法を頂点とする国内法によりその保護は実現される。だが、国内法は各国の主権の行使の最たるものであるが故に、その内容つまり保護の実現は、各国間の差異が大きかった。これは、国内法に委ねることからくる宿命といえよう。そのため、第二次大戦及びそれを引き起こしたファシズムへの反省から、人権の保護は各国に自由に任せることはもはやできないのであり何らかの国際的な人権の保護基準というものが必要だ、という動きが出てきたのである。人は、国籍とか国境を越えて同じ人間として扱われ保護されなくてはならないのであり、そのために本書に述べられているような種々の国際的な人権法典の成立が見られたことは、歴史の必然ともいえよう。その意味では、国際人権法は人類の英智の結晶ともいうべきものでり、今後ますますその重要性が増大していくものである。

なおここで一言付け加えておきたいことは、「人権の保護」をその目的とする場合、まず保護されるべき「人権」とはいかなるものか、という点について考えることが必要である。そもそも人権概念は歴史・文化・民族等によって異なるものであり、その意味では多様性を有するものである。しかし、過去の悲惨な出来事の反省から人権の保護を国際舞台におくことの必要性に気づいた人類は、世界共通の統一的な人権保護の基準の樹立へと努力していかなくてはならない。歴史的に見て、ここで核となるのが西欧的な人権観であること、それゆえに、国際人権法が西欧的人権観もしくはキリスト教的人権観に基礎を置くものであることは、否定できない事実である。だが、このことは決して、西欧的人権観が他の人権観、例えば社会主義諸国とか第三諸国のもつ人権観に優越するものだということを意味するわけではない。西欧的人権観が、「人間は一個の人として扱われるべき」という大命題をもっとも深く考えてきたということは歴史的事実であり、それが故に、国際人権法は西欧的人権観の色濃いものとなっているにすぎない。いかなる人権観をとろうと、共通の「保護すべき人権」は存在するのであり、その発見そして共通の人権保護基準の樹立こそが国際人権法の目的である、ということをわかってほしい。その意味からも、本書から人権の国際的保護の必要性というものを理解していただければ、訳者としてはこの上もない幸いである。

最後に、本書の出版の重要性を指摘し、翻訳を私に強くすすめて下さった信山社出版の袖山貴氏への感謝をここに表しておきたい。

一九九一年二月

研究室にて

初　川　満

序　文

昨今、「人権」ということについて、特に人権を尊重しているとも思われない政治家の口からさえも、昔と比べると頻繁に聞くようになってきた。この主な理由の一つとしては、未だにほとんど知られていない国際法の分野における最近の進展をあげることができる。そして、この進展こそが私に本書を出すきっかけを与えてくれたものである。

第二次大戦の終りに至るまで、国家が自国民をいかに扱うかは、ひとえにその国の主権の行使の問題であり、国境を越えて外部の者が正当に持つことのできる関心事などではない、ということは国際関係において一般的に受け入れられていた原則というべきものであった。もしも、外国の善意の代表団が、悪名高きニュールンベルグ法の数々とドイツのユダヤ人を迫害するためにその法律が適用されている状況について不満を表明するために、一九三六年にアドルフ・ヒトラーを訪ねたとする。ヒトラーは、これらの法律は、法律制定権を合憲かつ合法に有する議会によってドイツ国憲法の条項に充分に従い制定されたものであり、これらの法律についてもまたその適用ということについても、余計な世話を焼きたがる外国人の出る幕はないと指摘し、そして多分古典的な科白といえる「主権国家ドイツの国内問題への不当なる干渉である」と表明し、そのような動きを退けたであろう。このことは、当時の国際法の下では、全く正しいものであった。そして、同じような代表団が、同じ頃にソビエトにおける自作農の大規模な粛清について不満を表明するために、ジョセフ・スターリンを訪れたとしても、同じようなことが言えるであろう。

今日でさえも、幾つかの法律上の不正義に関して不満を表明するために、同じような代表団が現存する暴君を訪ねたとすると、これらの抗議もまた疑いもなく同じ科白によって退けられるであろう。しかし、今日の国際法によると、こういった暴君は誤っているかもしれない。なぜならば、ヒトラーやスターリンの時代以来、いまや革命とすら呼ぶことが出来るほどの大きな変化が国際法には起きているからである。今日では、主権国家が自国民をいかに扱うかということはその国家の排他的な権限内の事ではもはやなく、歴史上初めて、他のすべての国家及びそれらの国民の正当なる関心事となったのである。

この革命の正式な産物といえるものは、個人の上に権力を行使してくる国家に対する個人の権利というものを定め、こういった個人を、法の下においてもはや単なる憐みの対象としてではなく法的権利の対象とした、国際法上の詳細な法典である。その法典は、こういった権利を「人」権と呼んでいる。この法典中のいろいろなものは第二次大戦後実施されてきている。例えば、この法典の主なる構成物の一つ――国連による両人権規約――は、一九七六年初頭に発効したにすぎない。しかし、それ以後、この規約は世界中の主権国家中八十余国にまで拡がってきている（一九八九年時点では、締約国数は、両規約共に九〇ヵ国を超えている。……訳者注）。そして、今日において以前よりずっと人権について聞くことが多くなった主な理由の一つは、この規約にある。

しかしながら、法典というものそれ自体の存在もまたその内容も、未だに国際弁護士及、外交官、幾つかの政府の機関などを越えて広く知られるまでには至っていない。率直に言って、この法典というものはもっと知られてしかるべきであり、これこそが本書の主な目的である。法典（国際人権法典）は、九つの一般条約――二つの宣言、二つの規約、二つの条約（Convention）、三つの憲章――と、約二〇にのぼる種々の専門条約より成っている。これらの幾つかは、既に国際法廷やその他権限ある機関によって何度も解釈され適用されていて、この新分野に多くの知識と前例を産み出している。これらの資料の大部分は、私のもう一冊の本「The International Law of Human Rights」（Claren Press, 一九八三年二月）に集めている。しかし、その本は、主に法律実務家のためのレファレンスの本として書いたもので、ほぼ六〇〇頁にものぼる本であるから、この分野への入門書としてこの本を読もうなどとしては欲しくない。それゆえに、私は、Oxford University Press よりの、もっと短い本書を OPUS シリーズとして書かないか、という誘いを受け入れることにした。

しかし、本書は、一般読者に対する入門書として意図されたというだけではなく、前書と対をなすものとしてもある程度は役に立つであろう。この種の本においては、スペースについてのプレッシャーが議論を尽くすことを、そして、学問の世界におけるしきたりは著者自身の見解というものをあまり多く示すことを、それぞれ不可能とする。しかし、こういった制約は本書にはないので、議論も、私自身の考えを展開することも、また、私自身の持っている幾つかの関心事――特に、その出現が歓迎されている、法典の限界と欠点についてのもの――について述べることも自由だと感じている。

この世界では、あまりに多くの場所で、人権が時にはあまりにも巨大な、そして、悲惨な規模で侵害され続けている、ということはありふれた言い草の一つである。実際に、自信を持って、あの国では人権がちゃんと尊重されていると言える国は、今でも一ダースに満たないであろう。この現実は、新法典にとって大きな手助けとはならず、むしろそれを不用の書類以外の何ものでもないと信じさせかねないものだ。しかし、私はこういった見解はまったく誤っていると信じている。ここで、全人権法典は新しいものだということ、つまり法の歴史の中ではまことに新しいものだということを思い出さなくてはならない。人権法典を自信とか権威をもって用いることができるほど慣れ親しんでいるだろうか、などということはさておいても、我々には、未だにその法典の存在自体に慣れるのに時間は充分ではない。だがとにかく、法典の最初の効果というものは明らかとなってき始めている。例えば、ヨーロッパでは、ヨーロッパ人権条約やヨーロッパ社会憲章に基づく法的義務を果たすことに失敗しているという、ストラスブルグにある権限を有する国際機関によってなされた権威ある事実認定によって、多くの国が、国内法とか行政事務を一部変更せざるを得なかった。それに、「主権国家の国内問題に対する不当なる干渉」として、国際的な批難を公然と否定する、などということを聞くことは遥かに少なくなってきている。そして、今やしばしば弾圧的な政府は、逃げ道を与えてくれる条項として役に立つと思われる緊急事態とか、国家の安全、公共の秩序というような例外事項に頼ることにより、人権法典自体の枠の中で、自分たちのやりたい事を正当化しようとしている。これは歓迎すべき進展の一つだ。なぜならば、このことは、この分野におけるいかなる国際法というものも否定した初期の態度に代わり、人権法典というものを、拘束力ある法として認容することを確かなものにする手助けになるからである。結局のところ、「有罪ではない」という弁解は、それ自体少なくとも、法と裁判所の管轄権というものを受認するということを前提としているのだから。

本書の読者は、理論の対象物としての人権と、実務的な対象物としての人権の間の重要な差異というものに常に留意していて欲しい。哲学者などは、幾世紀にもわたり「権利」概念について議論を闘かわしてきている。権利とはいったい何なのか。いったい誰が権利を有するのか、または有すべきなのか。いかにして人は権利を獲得し、いかにして失うのか。いったい誰に対して権利は行使できる（または、すべき）なのか。権利は異なった類のものによって成り立っているのか。権利は誰でも持っている（または、持つべき）ものなのか、等々と。彼らは、その研究の過程において、こういった事について――近代の一群の「人権」というものの先駆的なものである、「自然権」、「人の権利」、「道徳的権利」などの理論を含む――多くの重要でかつ複雑な理論を発展させてきている。そして、こういった議論はまだ続いている。しかし、異なった出発点と異なった理論のとる道は、異なった結果――ヒトラーとスターリンのとったものを含め――へと、必然的に導いていくであろうから、実際のところ、決定的な結論など持ちようがないものといえる。そして、国際社会が、一致した法典というものを打ち立てたのは、まさにこの不安定さというものを克服するためであった。つまり、科学者や技術者が、マイル、リーグ（league）、エル（ell）、パウンド、オウンス、グレイン（grain）などというものについてこれ以上紛糾しないために、メーターとかグラムという国際的に認められた測定基準を打ち立てたようにである。

本書は、新しい法典に関しての本であるが、人権についての哲学に関しては、故意に詳しく議論することを避けている。それゆえに、本書は、人権についてというよりは、人権法についてのみ――（人権法は）どうあるべきかと考えるというよりは現状はどうかという――に関する本である。ある道徳的に重要な論争点について何ら法というものが存在しないならば、その問題に対する人の態度

――そして、その問題に関係しての行動――というものは、その人の個人的な信念、宗教、道徳、イデオロギー、文化などによって決定されるだろう。論争の相手方は、単に己れの信念がたまたま異なるという理由だけで、最も説得力ある議論によってさえも説得されることなく終わるかもしれない。しかし、いったん法というものが存在するようになるや否や、法は、紛争当事者すべてに対して、少なくともその行動を規定することによって、その問題を確定する。人々は、ある法は誤っていると考え、それを変えてもらいたいと望み、また、その目的のために適切な手順を踏もうとするかもしれない。しかし、その法が効力を有しているかぎりは拘束されるのであり、自分の責任において従わないということができるのみなのである。

あらゆる社会に存在する利害の生来的な対立や、統治する者とされる者の間の生来的な緊張関係のように、人権についても常に論争が存在し、かつ、人権の保護と実現のための闘いというものが存在する。我々が、このような闘いは永久に終わるだろうという確信を持ち緊張を緩めることができるようになるということは、近い将来起こるとは思われない。そしてまた、誰もが、法典は正しくかつ完全なものであり、それゆえに修正する必要などなく、また、付け加えるべき人権などはもはやない――科学や土木の基準に関し起こり得る場合のようなもの以上の付加は――ということに同意できるような時などは絶対にやって来ないように思われる。しかし、今や我々は、遂に人権法典というものを手に入れたのであり、これにより、以前にはこれに似たようなものを知らなかった国際社会の多くの構成員を、法的に拘束するようになってきている。いかにして法典はあるイデオロギーと適合するのか、法典の哲学的、政治的または文化的前提というものは何であったのか、というようなことは、法典がいったん効力を有するようになったらその適用ということにはまったく無関係なことである。それゆえに、今日において我々が為すべきことは、未だに適用されていない場所に法典の適用を拡げていくために必要な一前提として法典を理解するために、学習することである。

要するに、今日においては、もしも誰かが、ある特定の法的な人権というものを有しているかどうかを知りたいと望むならば、法典を客観的に見ればよいのであり、そして、特定の状況への法典の正確な適用について調べることによって、かつ、哲学的な疑問やイデオロギー上の反対を回避することによって、その解答を見つけることを期待できるのである。このような調査は必然的に形式にこだわったものであり、言葉の意味をわかりにくくしている法律家による杓子定規なルールの使用とか、特定の事件に関しての事実関係にあらゆる関連条文の一字一句の熟考の結果を適用する、ということを含んでいる。役所的形式主義により法文の字義にこだわるということは、あまり好かれる態度でも行為でもないかもしれないが、人権法の分野においては必要かつ重要なことである。なぜならば、いかなる政府にとっても、その究極の正当性というものは、その行為の合法性にかかっているからだ。政府が己れ自身拘束されている法を破るや否や、市民の忠誠とか服従、そしてまた、国際社会の他のメンバーの認知を求めることのできる唯一の正当性というものを、危険に陥れることとなる。それゆえに、ある政府がその法的義務を果たしているかどうかを知ることは、まことに重要なことといえる。そして、これは、法律家の技術を用いてのみ客観的に達成可能なことなのである。人権法において、我々は、ある政府が自国民に対して正しくまたは不正に振舞っているかどうかをテストすることができる、客観的な枠組みというものを今や有していることとなるのだ。もっとも、我々がそのようなテストをどう行ったら良いかを知っていればの話ではあるが。

〈筋書きと配置〉

本書の唯一の目的は、上記のことがいかに為され得るか、ということを説明することにある。この目的のためには、特定の分野における特別の知識というものは不要である。さて、本書は、三部に分かれている。第一部では場面を設定し、新法典の背後にあるものは何か、ということを説明する。これは寓話で始まり、そして、政治史、法律史及び憲法史、思想史という雑多な項目についての高度に厳選されたコラージュが続いている。これは、こういった事柄についての何がしかの理解が、近代世界における新法典の占める位置についての評価にとり必要だからという理由だけで含まれているのであり、読者は、明白な記述不足について注意しなくてはならないし、また、幾つかの大まかな趣旨の把握以外の目的には用いないようにしなくてはならない。

第二部では、国際法は、一般的にいかにして作られるかということ、及びこの特別の分野(国際人権法)は、実際にいかにして作られまたいかに機能しているか、ということについて簡単に説明している。第三部では、法典が実際に何を言おうとしているのかを手短に述べたうえで検討を行っている。頁数に限りがあるため、省かざるを得なかったものは多い。法典の主なテキスト――つまり、九つの一般条約の前文及び主要条文――は、付録として再録しておいたので参照されたい。こういった条文の大部分については、その解釈に関して何百という判例が存在しているが、本書ではその一部しか触れることが出来なかった。もしも本書記載以外の事例に関心のある読者は、「The International Law of Human Rights」の中に、要約されたものを見つけることが出来るだろう。もしも、もっと詳しく知りたい場合には、上記の本文中に引用されているケース・レポートそのものを参照されたい。

前述の本と同じように、本書は、その時々の、また、場所ごとの、人権の現実の遵守状況に関して論ずるものではない。――例えば、最近のアルゼンチンに見るように、こういった事は、まったくあっと言うまに変化するので――私は、人権法の発生を説明するのに必要な過去の人権侵害についてのみ述べているのであり、現在の人権侵害についての特別の言及も、また、特定の国におけるこの分野の現在の状況についての批評も、たとえその哀れな記録は悪名高いものであろうとも行わないこととする。しかし、このことは勿論そのような事に対するいかなる暗黙裡の是認とも、また、そういった事の改善に対する関心の欠如ともとられてはならない（そしてまた、人権のための継続した関与や情熱や議論というものは不要だと示唆しているようにとられるとしたら、法に関する本にとって適当といえるような、冷静で超然とした表現ではない）。

人権法は今や普遍的なものであり、特定の文化とかイデオロギーからは独立したものであるから、人権法に関して書く場合には、国内的またはイデオロギー的な偏見というものは、いかなるものであれ表さないことが重要である。しかし、率直なところ、第三章及び第四章において歴史的背景というものを描くにあたり、ヨーロッパ中心的な、否、実際には英国中心的な偏見を避けることは不可能だ、ということに気づいた。なぜならば、中世以来今日に至る人権に関する闘いの中で、世界中で最もよく記録に残されているものはイングランドの歴史において始まったのであり、たとえ後世の進展はフランス、アメリカ合衆国等を通して行われたとはいえ、国際法典中に現在安置されている数々の原則というものは、ここにその起源を持つものだからである。しかし、勿論この事実だけで、人権というものは専ら西欧のまたは第一世界の関心事だ、という議論を支持することはできない。人権に対する関心というものは実際のところ普遍的なものであり、人権は、人間が共に生活し働いている所どこであれ大事にされ、かつ、そのために闘われてきた。人権の最も良く知られた制度化ということが、これらの島で始まったということは、単に地形上、気候上、または政治的かつ社会的な歴史に由来する一つの偶然にすぎないかもしれない。そして、特別の誉れに値するようなものではないかもしれない。しかし、何であれ、事実を隠そうとすることは誠実ではないであろう。

ポール・シガート

グレイズ・イン
ロンドン、イングランド
一九八四年八月

〔凡　例〕

本書中においては、以下のように略して表記した（訳者）。

○市民的及び政治的権利に関する国際規約（国際人権規約B規約）⇩自由権規約
○経済的・社会的及び文化的権利に関する国際規約（国際人権規約A規約）⇩社会権規約
○人権及び基本的自由の保護に関するヨーロッパ条約　⇩ヨーロッパ人権条約
○人と人民の権利に関するアフリカ憲章　⇩アフリカ人権憲章
○人の権利及び義務に関する米州宣言　⇩米州人権宣言
○人権に関する米州条約　⇩米州人権条約
○国際労働機構　⇩I.L.O.
○国連経済社会理事会　⇩ECOSOC
○国連教育科学文化機構　⇩UNESCO（ユネスコ）
○人権委員会（ECOSOC の機関としての）　⇩人権委員会（Commission）
○人権委員会（自由権規約の機関としての）　⇩人権委員会（Committee）

なお、Council of Europe は、ヨーロッパ審議会と訳した。

凡　例

※　マグナカルタ、米国憲法などの訳は、三省堂『解説世界憲法集』樋口陽一・吉田善明編（一九八八）より、国連憲章、世界人権宣言、自由権規約、社会権規約、ヨーロッパ人権条約及び第一議定書と第四議定書の訳文は、三省堂『解説条約集』〈第四版〉小田滋・石本泰雄編修代表（一九九一年）より、そして、人の権利及び義務の米州人権宣言、米州人権条約、人及び人民の権利に関するアフリカ憲章の訳文は、東信堂『国際人権条約・宣言集』田畑茂二郎・竹本正幸・松井芳郎・薬師寺公夫編集（一九九〇年）より主に引用・参照させていただいた。

なお、原書には、これらの条約が付録として収録されているが、本書では省略することにしたことをおことわりしておきたい。

目　次

目　次

第一部　法典の背後にあるもの

第一章　寓　話

今日実施されている国際人権法典は、何世紀にもわたる多くの事件、思想、運動といったものの成果であり、相互に影響し合った諸勢力の結果としてできたものである。人権法の歴史や内容に関するいくばくかの知識——例えば、法典はいかにして作られ、何がその前提となり、何が法典として新しいものなのかとか、また、何のために法典は作られ、その解釈の基準は何であり、それはいかに作用し、何がこの法典の限界なのか、などについて——なくしては、単に指導的な教科書を選ぶことも、人権法の動きを理解したり、その複雑さを把握することすらもできることではない。それに、上記の事についてー般的な理解をするためだけでも、少なくとも国内上及び国際上の法制史や、法に影響を与えた思想の進歩、最終的には法を成立させる政治上の出来事の数々、妥協と調整を求める経済上の利害等、及びこの法典の作成を必要かつ可能にした社会の変化等についての若干の知識というものが必要となる。

以上のようなテーマについては既に多く書かれてきている。そこで、この本の第一部において試みたことは、専門家でない者には不要と思われる細かい議論を避けると同時に、あまりに単純化しすぎて一般読者を誤解させないために、資料の中から主要なものを幾つか選び、たとえ一連のスケッチにすぎぬとしても、幾つかの関連性のある形でもって記述しようということである。

〈個人とそのニーズ〉

今日我々が国または国家に対して抱いているイメージは、その共同体が共通の利益のためにいかに統治されるべきかということに関して構成員が広く同意をしていて、そして、その構成員の同意を基礎とする、もしくは少なくともそうすべきであるような社会であるというものである。では、いかにしてまず初めにその同意に達していったのであろうか。我々はまず歴史を遡り、素朴な初期の村落共同体を思い浮かべることにより、そこで村人たちがいかにしてルールにのっとって事件を処理していたかということを考えてみることにしよう。

これは実際のところ、出発点としてはまあまあであろう。そこで、まずはそのような想像上の、否もっと正確に言うと寓話によって考えていくことにしよう。我々は特に人権――「個々」の人の権利――について考えているのだから、まずはもっと昔に遡り、たった一人の人間の話から始めることにしよう。寓話のはじまりとして、この人間はこの時点では、この世にたった一人としよう。この時点ではこの者を他者と区別する必要はなく、名前をつける必要もない。しかし、たとえ名前は不要とはいえ、あったほうが便利である。そこで話の便宜上、この人間を、キリスト教の伝統にのっとりアダムと名づけることにする。

勿論、ここに出現した種が複数に増えるとすれば、すぐにもイヴを紹介する必要がある、ということはわかっている。だがそうする前に、もっとアダムを詳しく見ていくことにしよう。もし彼が数分でも生きながらえるならば、まず呼吸する空気というものが必要であり、数日以上生存するときには飲み水や食物などが必要である。ここで我々がその名前を拝借したエデンの園では、アダムは果実を枝から幾らでもむしり取れただろうが、それ以外の所では、彼は食料を集め、栽培し、狩りをしなくてはなるまい。それゆえ時にはかなり歩き回らなくてはならないし、厳しい天候から身を守ったり、猛獣から逃れるための隠れ場もいるであろう。

こういった幾つかの生存に必要な最低限のものを与えれば、アダムは数年は生きることが可能だろう。いや運が良かれば、彼が己れの身を守ることができるかぎりは、それ相応の歳月の間は生き延びることも出来よう。しかし、アダムの望みは、ただ生き延びるということにすぎないだけであり、他の人間の存在なくしては、人間としての多くの可能性を伸ばすこともいや子孫を残すことすら出来ない。


〈人間の集団〉

話を進めるために、急いでイヴを連れてきて、彼らの子供カインとアベルを加えることにしよう。それと同時に、人類の文明の初期における原始的集団の典型として最初の小さな村落共同体を作るために、似かよった家族を数軒ほど加えることにしよう。ここでたった一人だったアダムに他の人間を加えていく際、アダムの生存の可能性を大きくし、未来の世代を作りその新種が長期的に生き残ることを可能にすることにしよう。それと同時に、話を幾らか複雑にすることにする。

この村はすぐに、例えば別々でよりも一緒に行動したほうが、ずっとうまく事が運ぶことがあるのに気づくだろう。一人ぼっちの狩人は、独力では一頭の縞馬さえ捕らえれないだろう。しかし、狩人の一団が二組に分かれ、一方が他方の待つ処に縞馬を追い込むならば、ずっとうまく捕えることができるだろう。村ではまた、その中に、狩りに勝れた者や、食料を集めるのに勝れた者、そして、穀物を育てたり動物を飼うのに勝れた者などがいるのに気づくだろう。道具や武器を作ることや、小屋や貯蔵倉を作るのに勝れた者も出てこよう。男は、赤ん坊を育てることはできないし、女の多くは重い物を持ち上げたり、引っぱったりすることはできない。それゆえ、労働のある程度の分担がすぐに成立することだろう。また、それに伴い、初めはバーターの後にはもっと複雑な形の、交換や取引に基礎をおいた経済的関係が成立してくるだろう。

こうなったとき、村は構成員が各々異なった役割を果たす「組織」へと発展していくのである。しかし、これらの機能も何らかの調整を必要とするであろう。狩人は、その狩りの仕方を共に考え、食料を集める者は、何がどこに育っているかという情報を交換し、耕作者は、どこにどの作物を植えるかを決めるために話し合い、動物を飼う者は、手に入る草地で何頭ぐらいまでが安全に飼えるかを割り出すべく協議することだろう。また、どこに小屋や貯蔵倉を作るかについての決定もなされなくてはなるまい。村の古老は、はじめての事態や、難しい局面に際し、いかにすべきかを助言を与えるよう呼び出されるかもしれない。なぜなら、古老たちは以前に似たような事に出会っているかもしれないし、経験から、この種の問題はいかに扱うべきかを学んでいるかもしれないからである。もしも以上のようなことがすべてうまくいったならば、人々は互いに信頼し合い、そして、約束は守られていくことだろう。今までのところ、この純朴な村には、支配者も被支配者も、指導者も導かれる者も、地主も農奴も存在しない。ジョン・ボール（John Ball）が六〇〇年前、イギリスの農民一揆の勃発に際し、「アダムが耕し、イヴが紡ぐとき、誰がいったい地主様だったのだ」と書いたように。

〈欠乏・要求・紛争〉

そろそろ、この寓話の村に名前を与えてよい頃だろう。この村を、その創立者にちなみアダム村と呼ぶことにしよう。さて、各人の要求を満たすだけの空気、水、食料、住み家があるかぎりは、何事もうまくいこう。ではここで、例えば、食料が不足したと考えてみよう。雨が降らなかったか、縞馬が遠くへ行ってしまったか、村の人口が手に入れることのできる自然の恵みを超えて増えてしまったかしたために、何人かの村人が飢えたとき、ここに初めて欠乏した食料の分配の問題に直面せざるを得なくなる。

この不足の起こるまでは、誰も、他の者に対し何の要求もしなくてよかった。エデンの園の延長としての設定の村においては、人々は、狩や採集や耕作とか、住居を建てたり、赤ん坊や子供を育てたり、食事の準備のために料理をしたりするというような、生きるために必要な事をすることで満足していた。しかし、この不足が起こったときには、もはやそうではなくなってしまった。特に初めは、誰もが相矛盾する要求をした。例えば、ニムロは、彼とその仲間はこの事態になる前には他の誰と比べても二倍もの縞馬を殺したのだから、この食料不足が続くかぎり、誰と比べても二倍食べる権利があると主張した（これは、後に、「個々の貢献度に合わせて」と呼ばれた）。アブサロームは、果実を採集しているときに木から落ちて足首を痛めたのだから、たとえ今のところは食料を集めるのに貢献出来なくても、他の者は彼の足が快くなるまで養ってくれるべきだ、と言う（「個々の必要に応じて」）。そして、これらの争いだけではまだ足らぬかのように、カインとアベルが、一ブッシェルの穀物と一匹の羊のことで殴り合いを始め、アベルが致命傷を負ってしまった。

アダム村で起きたこのような問題は、いかに処理されるべきなのであろうか。本質的には、競争か協力か、という二つの取るべき方法があるといえる。もし彼らを競争させるならば、強い者たちは必要なだけ取って生き残ろう。しかし残りの者たちは、強い者たちの欲張りを抑えるために力を合わせないかぎり、食料不足で病気になり、結局は死ぬことになるであろう。他方、協力し合うならば、分別ある計画に従って共に分け合い、その結果、多少は痩せようが、全員もしくは大部分の者が生き残るであろう。つまり、危機の状態においては、協力のほうが、無制限の競争より一般的により良い結果を導くことになるだろう。災難は広く分け合うことで、個々人の災難の量を減らすことができるのである。

さて、この場合においては、この村では協力のほうを選び、口喧嘩や多くのごたごたのあった後ではあるが、アベルを失ったことによる損失だけで村は生き延びたとしよう。縞馬は戻って来たし、雨も降った。そしてここに村の古老たちは、賞賛に値すべき深慮をもって一つの重要な結論をひき出した。一度起きたことはまた起き得る。もしそうなら、アダム村にとっては、そんないやな時のために前もってどうすべきかを考えておくほうが良い。つまり、危機管理についての案は、危機が訪れたその時に作るのではなく、危機が起きるずっと前にあらかじめ立てておくべきだ、と考えたのであった。繁栄の時のほうが、欠乏や困難の時よりも、村人は分別ある考えに同意しやすいことだろう。それゆえ、古老たちは幾つかの案について話し合うために、村人の集会を呼びかけたのである。

〈きまり、法、そして権利〉

危機の時には、むき出しの競争よりも協力のほうが成果をあげることが、前回の危機からも明らかとなったから、村で再び将来不足しそうなもの、例えば、水、食料、建築材料、などの分配について、一定のきまりを作るべきだと古老たちは提案した。つまり、例えば、ニムロとアブサロームのどちらも正しいのか、それともどちらかが正しいのか、などということを決めておくべきであり、いったん決めたなら、誰であれ、これらが不足した時にはそのきまりに逆らえないようにするためには、これらのきまりは、いつ不足の事態が起きようともこの村のメンバーを拘束するものとみなされなくてはならない。不足した必需品の分け前についての要求に対しては、誰からの要求であれ合意により作られたきまりを当てはめ、そのきまりの適用によって与えられるだけの物を、それより多くも少なくもなく彼に与えることとする、と決めようというのであった。

そして、その話合いにおいて、この提案に強硬に反対する者はいなかった。なぜならば、この考えはまことに賢明なものと村人には思えたからである。そのかわり、議論は次の三点に集中した。

㈠　きまりがいったん何を定めているのか、ということを決めるのは誰か。

(二)　各個人の異なる要求に、きまりを当てはめていくのは誰か。
(三)　誰もがこのきまりを破らないと、どうして言えるのか。

村人は、これらの疑問に答えるために、あと何回か集会をもたなくてはならなかった。その結果村人は次のように、最終的には決めたのであった。

(一)　きまりは、まず狩人、採集者、耕作者、飼育者、建造者、母親それぞれの代表者一名よりなるグループによって準備すること(ここに、男性支配の様相が既に見えている)。そこでは、代表者たちはあらゆる場合を想定し、それらに対処できるようなきまりを考えること。このグループにより作られた案は、修正や承認のために次の村の集会に提出されなくてはならない。そして、集会で最終的に賛同を得たとき、きまりは、その拘束力を明らかにするためには多分これが一番良い言葉だろうということで、「法」(laws) という特別の名称が与えられることとなる。

(二)　法が、明確でかつ充分に詳細であるとするならば、その適用には何ら問題は生じないであろう。各要求は、法に従ってそれを処理する村の古老たちに対してもなされることになろう。訴えが正しく処理されているかどうかを確かめるために、各要求は、村人すべてが出席する権利を持つ公の場で、事情を聞き、判断を下されなくてはならない。

(三)　決定を実行することについては、二つのやり方があった。一つは、村(共同体)が、メンバーの一人に対し、必要ならば力を用いてでも誰だろうと法に従わせることのできる権力を与える、というやり方であった。もう一つは、もし誰かが法を破ったことがわかったならば、これにより損失を受けた者は誰であろうとも、失ったものを取り戻すため力を用いることができるとする。そして、彼が取り戻すのに失敗したときは、村人が一体となって法を破った者に損害を償うよう求める。もし加害者がこれを拒否したときは、償いをするように村全体として圧力をかけることにする。そして、これにも失敗したならば、最後の手段として、この者を村から完全に追い出し、彼の所有物を村人間で分けることを決めることができる、とするものであった。その当時、村には第一の方法を選択した場合に、喜んでまかせるに値する者がいなかったので、第二の方法をとることとなった。

集会においてアダムが、「こういった法により認められる要求を、何と呼べばよいのか」と問うたのに対し、暫時考えた後、村人たちはこれを「権利」(right) と呼ぶことに決めた。

〈不　和〉

とかくするうちに、自然の惨禍を免れたにもかかわらず、村全体を破壊しかねないような新たな問題が起きてきた。アベルは、殺されたときには妻の兄弟に加えて六人もの屈強な息子を持つ大家族の長だった。彼らはカインを罵り、村に対しカインをアベル殺しで罰せよと迫ってきたのである。しかし、カインにもまた強力な支持者たちがいた。彼は、耕作者たちのリーダーの一人であり、耕作者たちは誰一人として彼のやったことを善しとはしなかったものの、カインがしばしば作物を育てるのに失敗した者を助けてきていたので、逆境にある彼を支持すべきだという団結心に駆られたのである。

そこで、しばらくの間は硬直状態が続いた。アベル一族の被った損害は償われることもなく、不満が昂じてきた。そのうえ、カインは罰せられないままであった。そこで、何週間かたった後、アベル一族の男たちはこの問題を自分たちの手で解決しようと決め、ある暗い夜、カインの家をカインごと焼き尽くした。これは、カインの仲間には耐えられることではなかった。そこで、怒りに目がくらんだ彼らは、アベル一族を、男とか女子供を問わず見つけしだいに報復として殺すために、アダム村中を暴れ回った。そのため、運良くアベル一族のほとんどは茂みに逃れたとはいえ、何人かは虐殺されてしまった。

この事件の後、アダム村は、アベルとカインの両支持者たちで二分される結果となった。アダム村での生活は、今や旱魃や洪水、地震、ペストなどで死ぬよりも、同じ村のメンバーとはいえたまたまこの紛争の他方の側に付いた者により殺される危険性のほうが、遥かに大きくなってしまった。初めて、村人はドアや窓に鍵をかけ、夜回りを置いた。そして、日中でさえも五、六人以下で外出するということはほとんどなくなってしまった。しかし、このような用心にもかかわらず、暴力によりだれかが死に、その報復として、すぐ一人またはしばしばそれ以上の者が殺されるということの起きない週はほとんどなかったのである。

かくして村人の四分の一が失われたとき、生き残った者たちは、村を全滅させないためには、ここでもまた協力的な解決策を見出さなくてはなるまい、と考え始めたのである。そこで、もう一度どうすべきか話し合うために集会が持たれた。自然界の危機に、際し不足する物の分配については拘束する法に基づいて行うと前に決めたのと同じく、ここでも村人たちは、人的に作り出された危機についてもまた似たような解決策をとろうと決めた。そこでまた前と同じ問題に直面せざるを得なかった。つまり、誰がその法を作るのか、その法は特定の事件にいかに適用されるのか、その法はいかに実施されるのか、という問題である。

この時までに、初めの二つの問題に関しては前の自然界の危機の時のやり方がうまく働いたことから、村人は今回もそれに従ってやろうと決めた。つまり、その法は、まず初めに共同体内の種々の利害を代表する者たちよりなる小さなグループが作り、次いで、全村民の大会で審議・承認し、その後に、村人の前で古老たちが、特定の事件について適用していくというやり方である。しかし、三番目の問題は、前と同じくそう簡単なものではなかった。カインが初めアベルを殺したとき、その後に続いた多くの流血を避けるためには、カインをどう扱うべきだったのであろうか。

アベルの仲間は、次のような単純な解決案を出してきた。それは、カインは、アベルの一族か、または、村のために村の名の下に処刑を実行するよう村より正式に任命された者により処刑されるべきだった、というものであった。しかし、カインの仲間は、これに対し幾つかの反論をしかけた。

㈠ カインは、アベルの家族に適当な賠償をするかまたは所有物を引き渡して、自主的に村を出ていくことにより、己れの命を買い戻す機会が与えられるべきだった。

㈡ 誰によろうと、もしもカインが殺されたなら、彼の親類や仲間の恨みは新たなる混乱を引き起こすことになるだろう。

㈢ もし誰かが、村のために公に処刑を実行するよう委任されたとすると、その者は、その共同体の仲間を殺す許可証を持った者となってしまう。そんな恐ろしい権力を誰にであれ与えることを静観できるだろうか。

これらの反論、特に最後のものは、説得的であった。なぜなら、村人は誰にであれ、生命与奪の権を与えたくなどなかったからである。そこで村人は、以下のような解決策を取ることにした。村人の一人が他の村人を殺したときには、この者は、犠牲者の家族に死者の命に値するに充分な賠償を支払うという方法を選ぶことができる。そして、もしその賠償額または支払いの方法や時期につき争いが起きたときは、村の古老が皆の前でこの争いを裁くことになろう。その結果、殺した者が、適当と思われるだけ払ったならば、この者はもはや命を狙われることはなく、平穏な生活を取り戻すことができる。しかし、もしそうしないならば、この者はこの村の外に身を置いたということであり、この共同体の法を遵守することを拒否したことにより、この者は村の保護を受ける権利を失うことになる。ここに至っては、犠牲者の家族は、何らの報復をおそれることなくこの者を殺すこともできようし、持ち物をとり上げて分配することもできよう。一言でいえば、この者は要するに、その共同体から追放処分となるのである。

以上のことが最終的に決定された集会において、アダムは、「彼のようにこの村の法の外に出た者を、何と呼ぼう」と質問した。するとすぐ誰かが「法外放置者」(outlaw) と呼ぼうと言い出した。

〈新 参 者〉

ある日、一組の新しい家族、イシュマエル家がアダム村にやって来た。この家族は、奇妙なアクセントで話し、異なったやり方で料理をし、村人にとって幾つかの不思議な、特に服装と礼儀に関する風習というものを持っていた。だが彼らは、気持ちの良い人たちだったし、そのうえ幾つかの新しい技術、特に、アダム村が丁度往き来し始めた村々との間で取引をする術を持ち込んだ。そのため、この家族は歓迎され、住みついたらどうだと勧められた。

その後すぐ、セスの貯蔵倉が焼けてしまった。アダム村の協力に関する法によると、村の全家族は、この倉庫を建て直し、自分たちの貯えの中から食糧を供出してセスの倉を再び充たす義務を分担していた。

これはイシュマエルを困惑させた。「自分たちが来た所は、そんな法を持っていなかった。損失は、自己負担であり、誰もそれを共有する必要などなかった」と彼は主張した。

「そうかもしれない。しかし、この村にはこの村の法というものがある。もしお前たちが我々の中で生活していきたいのなら、この村の法に従わなくてはならない」とセスは言った。

それに対し、イシュマエルは、「しかし、あなた方がその法を決めたとき、私たちはここにいなかった。なぜ私たちは、作成に加わりもしなかった法に縛られなくてはならぬのか」と反論した。

そこで、この問題は村の古老たちに任され、古老たちは公聴会を開いた。セスとイシュマエルは、共に自分の立場を主張したが、ここでイシュマエルはもう一つの問題を提起した。彼は古老の裁判管轄権を認めてはいないし、そのうえ彼に不利に判決することがそもそも古老たちの利益であるときに、なぜ古老たちがこの問題について判断しなくてはならないのかと問うたのであった。結局のところ、セスの新しい倉に提供しろとイシュマエルが命じられている量は、古老たち自身が義務として提供しなくてはならないものをちゃんと提供すれば減ることだろう。そのうえ、彼は年齢においても、また、他の資格においても不足ないにもかかわらず、古老にしてもらえていなかった。これは多分、イシュマエルが暗にほのめかしたように、他の村人たちは、彼の家の料理の匂いや家族の女たちの服装が好きではなかったからであろう。

古老たちは戸惑ったが、両者の論点を考慮した後に、イシュマエルに対し、もし彼と彼の家族がすべての点においてこの村の一員として正式に扱われるならば、つまり、彼が村の会議で発言権を持つ古老の一員に選ばれ、この村の法の下で彼の家族全員の権利が完全に認められ尊敬されるならば、アダム村の法を受け入れるか否かと尋ねた。

イシュマエルは、家族と相談した後、これこそこの問題に対する公平な解決策だとし、これを受け入れた。そして、平和と調和がアダム村には再び戻ってきた。

第二章　司祭と君主

以上の寓話は、次の二つの重要な概念についての概略を示すのに有益であった。つまり、行為の準則としての「法」は、共同体内において構成員全員を束縛するものとして扱われ、要求としての「権利」は、構成員によってなされ、共同体の法のもとにおいて認められる、という概念についてである。そして、法の作成、適用、実施に際しての、幾つかの問題についてもここまでに少しではあるが見てきた。しかし、これらはいずれも、莫大な文献の存在する昔は法学と呼ばれ今ではもっと一般的に法哲学と呼ばれている分野におけるこういった概念についての、精密な分析に代わるものとはなり得ない。この分野についてほんの表面だけ勉強しても、「法」と「権利」は共にアダム村の単純な村人たちが理解できたよりも、格段に複雑で議論の余地がある概念であることがわかるであろう。しかし、寓話を歴史的事実だなどと言い出さないかぎり、ここにおける我々の目的を理解するためには、寓話は役立つにちがいない。

〈魔法と宗教〉

アダム村は単なる夢物語以外の何ものでもないのであり、現実は全く異なっているのだから、寓話を信じ込むのは非常に危険なことである。現実の世界では、原始村落共同体においてでさえ、我々が前に挙げてきたような過程を経て法が作られてきたという証拠はない。法は合理的であるべきであり、かつ、人々に広く受容されるためには、徹底的な議論の後その法に支配される人々の一般的同意により作成されるべきだ、と我々は考えたいものだから、寓話のような過程を経たと思い込みたがる。確かに寓話の例こそは、今日代表民主制により我々が達成しようとしているものだ。

しかし、アダム村は、政治哲学者のロックとルソーが「社会契約」の理論を説明するために作り出した「自然状態」のごとき、何の根拠もない作り話の一つであるという事実に直面せざるを得ない。我々が、文字使用以前の村落共同体について知っていることのすべては、次の二つの資料によっている。一つは、東南アジアのジャングルやアマゾン流域における幾つかの地域のように、今日世界の遠隔地になお存在するその種の幾つかの社会からであり、もう一つは、いくばくかの記録を残すことができる程には進歩していたが今や消えてしまった文明、例えば、バビロニア、アッシリア、ヒッタイト、エジプト、ユダヤ、ギリシャ、ローマ、アステック、マヤなどから類推することにより我々が想像できるものからである。

そういう資料から今のところ言えるのは、原始共同体における法の原形というものは、いかなる論理的な理由づけや公の議論よりも、魔法とか宗教的信仰とより密接に関連していたように思えるということである。法は神々もしくは唯一神により宣明され、司祭により適用・解釈されていた。法を破ることは、単に社会的に受容された行為規範に対する違反というだけではなく、神々への冒瀆であり、聖なる神への侮辱でもあった。犯罪と罪は、ほとんど同意語だったのだ。そのような共同体においては、勿論、知識と信仰ということは現代の非宗教的社会におけるようには厳格に分けられていなかった。この世は、心優しい精霊と悪意の精霊という区別はあったものの、これらの強力な精霊が住み支配している世界と考えられていた。魔法と宗教は、それゆえ神学とは全く離れて独立した学問分野として、今日我々が扱っているような分野、例えば系図学、歴史学（神話学を含む）、自然科学（宇宙論を含む）、哲学（倫理論を含む）という広い分野を網羅していたのである。だから、法や法学がまた神学の中に含まれていたということも驚くにはあたるまい。

しかし、法の宗教的起源がいかなるものであれ、これはいくつかの重要な結果をもたらした。それは、まず法の硬直性ということである。もしも神が最初に法を作ったのなら、神のみが法を変えることが出来るということになり、神は永遠であり、また少なくとも人よりはずっと長い時間の尺度で行動するのであるから、法が変えられなければならない理由は特になかった。もしもある法が神の力で大昔に人間に提示され、それが今やこの共同体の変化した環境にはそぐわないようになったとしても、それは人間の誤りであって神の誤りではなかった。人間に合わせるためだけに法を再び提示し変更することを、神に期待することなどはできなかった。必要な適合をするのは人であり神ではなかった。せいぜい望めることといったら、司祭による、限度があるとはいえ前向きの法の再解釈にすぎなかった。司祭は法に自分で註解を与え、そして、その註解を少しずつ変えていくことによって、法の厳格さを和らげた。

もう一つこれに関連した結果としては、法の尊厳さというものがあった。聖書の一部を構成していたがゆえに、法は特別の敬意をもって神の宣言として扱われていた。法は単なる人間が作ったものを凌ぐ、神聖なる神霊を持つものであり、しばしば初期のローマの「十二銅表」のように石の板に彫り込んだり、ユダヤの律法のように洋皮紙に記したりして表され、共同体の聖なる場所に保管され崇拝されていた。

第三の結果は、かくのごとき聖なる法というものが、その管理者に与える力についてである。誰であれ、その銘板や洋皮紙を保管し、その条項を解釈し適用するものは、法に本来帰すべき尊敬のなにがしかを分かち持った。

〈宗教上及び世俗上の支配者たち〉

以上の理由などにより、司祭たちは初期の社会においては重要な人間であった。しかし、司祭だけが重要というわけではなかった。当時も今と同じく、戦争は人類特有の病気であった。村の中の派閥同士が戦い、村同士が戦い、いくつかの村落共同体を形成している部族同士が戦った。そして、戦争においては、他の多くの場合と同じように、優秀な指導者を持つことは非常に有利であった。そのため、戦いを専門とする将軍というのは、司祭と同じぐらい古い職業なのである。時には戦いの専門家は司祭と同じ者であったが、しばしばこれらの役割は分けられていた。司祭と同じように、軍事指導者もまた、異なった場所、異なった言語において、異なった呼ばれ方をしていた。今日では、我々は通常、これを将軍（general）と呼んでいるのだが、幾世紀にもわたって最高軍事司令官の役割は、共同体の宗教上よりはむしろ世俗的な支配者である王のものであった。

王たちにより統治された共同体は、勿論単なる村よりもずっと大規模なものだった。その頃までには、地形上併合しにくい例外的な場所を除いては、ほとんどあらゆる所で併合が見られた。独立の村落共同体は、互いに交易したり、構成員同士互いに婚姻したかもしれないが、しかし一般的には、村同士は遠からず戦い、共に損害を被るのであった。通常、遅かれ早かれ、つまらない喧嘩をきっかけとして幾つかの村を己れの支配下に置いて、広い支配地や勢力圏を平穏に保とうとする単一支配者が出現したであろう。もし彼がこれに成功したならば、それまで戦った共同体の構成員は、一般的にそれを多とし、彼の支配が継続することを、支持もしくは少なくとも許容したであろう。しかし、早晩、今度はこの支配者は、隣の支配者との間に、互いに相手の領地を自分のものにしようと戦争をおこすこととなったであろう。結局のところは、こういったことの繰返しは、おもにその地域の地形に左右され、ある規模になると安定する傾向にあった。島とか山岳部では、小さな領地の支配者であっても近隣からの侵略に対しうまく己れを守ることができただろう。他方、大陸の平野部の大部分では、実際に大きな領地を支配した強い王だけが略奪する敵に抵抗するだけの力と資源を持っていたのである。しかし、こういう王たちでさえ、頻発する国境での小規模の競り合いや時々起きる大きな戦いにより、その平穏が乱された。また、時として一人の王が己れの領地を非常に広い領域にまで拡げることができるほど強くなったとき、己れ自身を皇帝と呼ばせたがった。

ある種大変複雑な歴史の流れについて、以上の短くかつ単純化した記述においては、我々は過去形を用いてきた。しかし、こういった過程の基礎となる要因は、単に過去のものにすぎないというわけではなく、現在も存在している。法は他の多くの社会制度よりも、まだまだ硬直化している。法の変更はまだ多くの時間と努力を要する。そこで、裁判官は、新しい状況に対処するために、法を常に解釈し直さなくてはならない。法は特別の聖なる芳香をにじませ、敬意と服従を求め続けている。このことは、法の守護者たちについても同じである。未だ多くの社会において、司祭は権力と影響力を持ち続けている。イランはその好例といえよう。共同体は互いに戦争を行い、現在も、ラテンアメリカの多く、また、アジアやアフリカの幾つかの場所においても見られるように、軍事的指導力にその支配力の源泉を持つ者たちを支配者として抱き続けている。島国や小さな山岳国はなお独立を維持できている。例えば西ヨーロッパでは、イギリスとスイスは、第二次大戦において侵略から逃れた数少ない国であったし、チベットやシッキムはもはや違うとはいえ、スリランカやマダガスカルそしてネパールは、未だ独立国である。北ヨーロッパの平野部や北インド及び中東では、大きな戦いは未だ人々の記憶に生々しいものだし、武力衝突は今日までも続いている。そして、複数の大帝国が未だに生き残っている。

では、今度は王国や帝国の発展に伴う国内の出来事に目を転じてみよう。そのような発展は、過去に限られたものではないから、ここでの時制を歴史的現在形に変えることにしよう。そして王とか皇帝とかツァー(tsar)、ムガル(mogul)、マハラジャ(maharaja)、公爵、伯爵、男爵、侯爵(margrave)などと、いろいろ呼ばれていた現世の支配者たちに、ここで一つの包括的な名称を与えることにしよう。ラテン語の princeps は文字どおり、「第一の」という意味であり、英語の形容詞 principal だけでなく、名詞 Prince(君主)の語源でもある。中世初期から一九世紀の終りにかけて、この君主(Prince)という名詞は、マキャヴェリー(Machiavelli)によって使われたのみならず、特に国際法に関連して、支配者の機能、権限、権利、義務などについて議論するとき、広く現世の支配者たちの一般的包括的名称として用いられてきたものである。

〈主権を有する君主〉

もし君主が権力の座を維持し続けようとするならば、どんな領地を支配していようとも、少なくとも国内の平穏を維持しなくてはならない。なぜならば、住民が君主を打ち倒そうとせずその存在を許容もしくは支持するのは、これが主な条件だといえるからである。平穏を維持するには、君主はまず武力の独占をなしとげなくてはなるまい。そして、これこそが、アダム村の住民たちが仲間の誰であれ特定の一人に与えたがらなかったものである。アダム村において法を破った者に対し取り得る手段は、自力救済か、集団的圧力か、最終手段としての村から追放することにより法律の保護外に置くことかの、いずれかであった。君主は、アダム村で取られた処置よりもうまく処置しなくてはならない。そこで、最も効果的な方法は、領地全域にわたって、君主の支配下にある役人により執行させる、中央集権的法執行制度を作ることである。このような制度は、君主の権力を補強するのみならず、その権力により領地内の住民に平穏を強制することで、住民が明白に求めている「法と秩序」に答え住民の支持を維持していくという、一対の目的に副うものであるだろう。根強い反目とかつまらない喧嘩とか無法な行為などの理由のいかんにかかわらず、「平穏を破る行為」は、すべて君主自らまたは役人を通して処理されるだろう。そして、当然の結果として、君主と君主の名の下に働く役人のみが、平穏を保つために権力を使うことが許されることになる。以前のような自助によるものとか、共同体からの追放によるという方法は廃止されなくてはならない。そして、個人はもはや「己れの手で法を実行する」ことはなくなるであろう

さて、幾つかの共同体を己れの支配下に置いた君主は、しばしば各共同体の法が互いに異なってい

るのに気づこう。各共同体が単一の宗教や文化を共有するときは、その差異は些細なものにすぎないであろう。しかし、君主の領地は、宗教や文化の境界を越えて異なる共同体までを取り込んで拡がっていくので、宗教や文化そして多分法もまた異なったものを含むものとなり、ある程度までは君主の役人たちが領地の各々の地方において異なった法を施行することは可能ではあろうが、このことはかなりの問題を引き起こすことになる。例えば、既にイシュマエルに見たように、もし領地内のある地方の住民が他の土地にやって来て、彼の出身地では合法であるがこの地方では違法な事をしたとすると、どうなるのであろうか。こういった理由で、君主たちは領地全域にわたり施行される共通の法体系を持つことのほうを好むのである。権力の中央による独占がそうであるように、このことはまた個々の共同体を一つの国の構成部分として互いに結び付けることを鼓舞するという利点がある。

権力の独占の達成及び単一の法体系による中央の監督権の確立を欲する主な動機は、領地内における君主の権力の強化ということにある。そして、そういった権力に対する挑戦というものはいかなるものであれ、君主にとってはとても耐えられないものである。領地の内外を問わず君主が最も汲々として追い求め守ろうとしているものは、自分の自治権、つまり己れの欲するところを彼に押しつけようとする他の君主たちから自主独立しているということである。そして、後にこの至高の価値は、「主権」(sovereignty)と呼ばれるようになった。己れの領地内においては権力を振うことはできても、もっと強い支配者の影響下にあるため真に独立しているとは言えない支配者にとっては、どうにかしてその軛《くびき》を払い落とし真の主権者になりたいというのが、その野心であった。そして、その軛を払い落としてしまうと、次に来るこれらの君主の最優先の望みは、その主権を維持するということであり、できることならば彼らが帝国（empire）と呼ぶことのできる程まで、もっと大きく領地を拡げることであった（これらの点において、勿論、君主たちは多くの微力な人々と性質を同じくするのものだということを示している）。

時代を経て、主権の概念は一般的に、独立国家とか政治とか国際的事象のすべてにおいて中心概念となってきた。こういった国家間の事件、つまり戦時・平時を問わず主権を有する君主間に起こった事件は、結局のところ、君主をさえある程度束縛する国際法という一つの制度へと強化されていった幾つかの行動原則というものを発達させることになった。もっとも、これには長い時間がかかったが。他方、ここに我々がもっと詳しく調べてみなくてはならない、他の束縛というものも存在していた。

第三章　君主と臣民

自力救済や共同体からの追放に取って代わる権力の独占を達成すること、及び領地全域に支配を確立するため一連の法を実施していくことで、君主は多くのものを手に入れた。君主は、神々に代わって法を作成するものとなり、司祭に代わり法の解釈者となり、共同体に取って代わって法の実行者となった。要するに、君主はすべての法と正義の根源となったのでる。これこそまさに、ローマ帝国や他の多くの国において起きたことである。例えば、一六五五年に至ってさえ、フランスのルイ十四世は、彼の領地内に存在した政治制度の下では、「朕は国家なり」（*L'Etat, c'est moi.*）と堂々とその正当性を主張することができたのだった。

〈君主に対する束縛〉

しかし、君主とて一人では生きてはいけない。君主は臣民と呼んで支配している多くの者とその領地を共有しているのである。そこで、もしすべての臣民が、この支配者を倒し他の支配者に代えようという集団としての意思を明らかにするとき、彼らを止めるものは何もないであろう。それゆえ、君主は支配を続けるには、全臣民もしくは強力な者たちの多数を敵に回すような余裕はない。君主の支配がいかに絶対的なものであれ、彼が支配を継続することができるかどうかは、究極的には、消極的にであれ最低限臣民の同意と、できれば何人かの積極的な支持があるかどうかにかかっている。このことは、つまり領地内における利害の異なるグループを対立させ、これにより漁夫の利を得たり、または、少なくとも幾つかのグループにとって君主が権力の座にあることが彼らの特別の利益になるようにすることによって、彼らを君主と結び付けるということを意味している。君主たちは、時には治国策という名で威厳をつけられたパワー・ゲームに精通する必要がある。必要な政治的技術を発達させた君主は生き残り、それに失敗した君主は転覆される危険がある。

ある君主の本来の支持者の中には、通常彼が政権に就くのに貢献した者たちがいる。その君主が、戦時中権力の座に就いた軍事指導者であれば、この君主は主な支持者を兵士の中に見出すことだろう。例えば、ローマの皇帝たちは、しばしば軍隊の中から出現した。そして、もし軍に受け入れられるような政策を取ることに失敗すると、再び軍隊によって倒されたのである。後世の封建制度は、平坦な土地での農業と防衛の仕組みにその起源を見出すことができる。そこでは、背後に自然の障壁というものがないため、そこに定住した人々は、誰かが武器を持つよう呼びかけ、武装させ、戦いを指導する力を持って初めて侵略者に抵抗できた。封建時代の王は、ピラミッド形の発達した権力構造を通して、このことを可能にした。王の手下、つまり公爵、伯爵、男爵、騎士たちは、直接または間接に、王より土地をもらい、その代りに王国を守るための王の命令――後には、「王と国のために」戦うよう呼びかけるようになった――を何時受けようとも、適当な数の兵士を領地から集め武装させる臣服の義務があったのである。

我々は既に、君主にとって、初め獲得した際には地方ごとに様々な法が存在していた領地内に一連の法を課すことが、いかに都合が良かったかということを見てきた。この統一された法の制定過程の重要な一例証は、十一世紀から十三世紀にイングランドのノルマン人、アンジュー家（Angevin)、プランタジネット家（Plantagenet）の初期の王たちによってとられた戦略に見ることが出来る。ウィリアム征服王（William the Conqueror）は、ノルマンディー公として名ばかりの臣服義務を彼が負っていた弱いフランス王から、うまく独立することに成功した。そして、ウィリアム征服王は、イングランド王の位を得たとき、自分に従う伯爵や男爵たちに似たようなことはさせまいと決心をした。その当時は土地が富の第一の形態であり源であったので、土地に関する争いを決裁する者は、紛争地を報償として与えることで支持を獲得でき巨大な力を手に入れることができた。そこで、イングランドのウィリアム一世が権力強化のためにとった最初の政策の一つこそが、すべての土地をめぐる争いについて王の裁判権というものを確立することであった。土地に関する争いは、もはや地方の伯爵や男爵によって決裁されることではなく、王自身の法廷において、「王の」行為としてのみなされたのである（ノルマンフランス語では、「王の」(royal)という語は、*real* であり、これが未だイギリスで“real property”と呼び、北アメリカで“real estate”と呼んでいる理由である)。実際に、即位後数年間、ウィリアム王は、定期的にイングランドの領地内を、地方の土地紛争の審理・決裁のために旅行した。もっともその後、王のために審理・決裁をするものとして、一人の大司法官を任命したが。

ウィリアムの後継者たちの主な課題の一つは、アングル族、サクソン人、デーン人たちが持ち込んだ初期の法にその由来を持つイングランドの領地内の様々の異なった法を、一つの法体系に統合するということであった。法の持つ内在的な硬直性のゆえに、大司法官（その当時は数名いたが）に命じて、王国中を「巡回」させ、異なった地域にも「共通」であると判明した法は適用し、地域によって異なる法は徐々に適用を廃するようさせたにもかかわらず、その目的を達するには、これらの勢力のあった王によってでさえもたっぷり二世紀近くかかった。そして、この理由ゆえに、イングランドのコモン・ロー（the common law of England）と呼ばれるようになった偉大な法体系は、王たちがその権力を維持し続けることに貢献し、かつ異種の住民のすべてに団結の素を与えるためにイングランド王の領地全域に施行された一連の法である、と考えることができる。

数世紀後には、イギリス国王の領地は、海外へ世界の全く離れた場合へと拡がっていき始めた。しかし、ウィリアム一世と彼の後継者たちの教訓というものは忘れられはしなかった。定住者としてであれ征服者としてであれ、イギリス人はどこに行くにもコモン・ローを携えていったのである。その結果として、今日の世界の法制度の大部分は未だコモン・ローに基礎を置いているのであり、実際のところ、ローマ法のみが世界の法制度の源として、これと今日その重要さで肩を並べられるにすぎない。

勿論、大英帝国が唯一のものではない。それまでにも数多くの帝国が存在した。古代においては、バビロンやエジプトのファラオの帝国、アカエメニデス（Achaemenides）の下のペルシャ帝国、アレキサンダー大王の下のマケドニア帝国、そして最も有名なローマ帝国などが存在していた。そして、アラブ人、モンゴル人、トルコ人、ムガール人たちによる帝国も存在した。それから、海洋帝国が、大英帝国とほとんど同時代に、ポルトガル人、スペイン人、オランダ人によって作られ、その後フランス人とドイツ人によってでも樹立された。また、大陸における帝国としては、ロシアと中国のものがあった。これらの帝国に共通であったことは、これらが一人の君主により支配された言語も文化も法も、君主自身の生国とは全く異なる民族を含む領土から成り立っていたことであり、それゆえに、君主が彼の勢力範囲において平和を保ち権力を維持していくには、これらの民族に、中央集権的な単一の独占された権力によって実施される、唯一の法体系を押しつける必要があるとわかったということであった。

イングランドのウィリアム一世に話を戻すと、彼のような封建君主は、その権力を主に直接の手下たち、すなわち中間に介在する貴族に頼っていたのであり、もしこの手下たちの利益を満足させられなかったら、その王位は常に危ないものであっただろう。そこで、すぐれた新機軸を考え出すことによって、ウィリアムは、この不安定な制度を、秘かに自分に有利なようにぶち壊そうと試みた。一〇八六年、王は、ソールズベリー（Salisbury）の平原に、王国内の——単に大貴族のみならず、小地主農民に至るまでのすべての規模の——土地自由保有権者たちのすべてを集め、サルム（ソールズベリーは当時そう呼ばれていた）の宣誓によって、中間に介在する貴族たちよりも、王たる自分に直接に封建的忠誠を誓うよう、呼びかけたのである。

しかし、封建貴族の頭越しに行動することにより彼らの力を弱めようという試みは、いつもそう長く成功したというわけではなかった。これらの貴族たちが、王に対し共同戦線を張るに充分な時間だけ互いに利害の対立を抑えることができたときには、王からしばしばかなりの譲歩を引き出すことができた。ジョン王が一二一五年に貴族たちによって承諾を余儀なくされ、後継王たちが改良するにせよしないにせよ、何度も確認するよう求められたかの有名なマグナ・カルタはその例である。このマグナ・カルタにはすぐまた触れるとして、まず、ヨーロッパの君主の絶対的権力に対し、中世ローマカソリック教会の司祭たちが加え続けた圧力について見ていかなくてはなるまい。

〈不正義の法は、法ではない〉

法の機能の一つが権力の行使の規制というものにある以上、理論上は、法が君主の権力すらも規制するものとして用いられてはならない、という理由はない。だが、ここに現実的な問題がある。つまり、君主自身が、すべての法の至高の制定者であり、解釈者であり、施行者であるかぎり、なぜ君主が己れの権力を束縛するがごとき法を自発的に作らなくてはならないのか、ということである。それに、たとえ君主がそのような法を作ったとしても、誰がその法を解釈し実施するのだろうか。いかにすれば君主が都合の良いようにその法から逃れたり、その法を破棄したりすることを防ぐことができるのだろうか。要するに君主をすらも束縛するような、気高くかつ権威あるルールをみつけるということができるのだろうか。

法が宗教上の信仰と密接に関係しているかぎりは、この問題は、それほど難しいことではなかった。なぜならば、君主といえどもそこでは神より下位にあったのであり、聖なる法に従属していたからである。ギリシャ時代には、神々の法を無視する現世の支配者に対しては、ネメシス神（*nemesis*）が定められた時刻に彼を罰するだろうという、「傲慢」（*hubris*）という形式の罰が存在した。旧約聖書の予言者たちは一様に、現世の支配者たちは神の法を行うことに失敗している、と酷評した。そして、後のローマ時代には、*jus gentium*（万民法）――ローマ人が異なった隷属民族の法制度に共通するものとして見出した法――が、ある種の普遍的な価値を反映したものとして高い評価を得たのである。その後の中世においては、ヨーロッパの君主たちはすべてが未だキリスト教徒だったため、神の名の下に神の法に従って支配すると宣誓することを含む儀式により、宗教的に神聖化されるまでは、その王位への就任は完全ではなかった。

そして、その聖なる法を解釈するということは、教会の務めであった。それゆえ、教会は君主の法形成権力に最終的に限界を定める権利を主張したのであった。実際に、十一・十二世紀において、パリとボローニャの新しい大学の教会法の専門家たちは、この分野を非常に進歩させた。聖なる法（この聖なる法は、*jus gentium*［万民法］と、ストイック派哲学者の研究から導かれた、ローマの *ius naturale*［自然法］の概念の流れを汲み、トーマス・アクィナス［*St. Thomas Aquinas*］に「自然法」［*natural law*］と呼ばれたもの）にその根拠をおきつつ、これらの法律家はまことにすばらしい法格言――不正義な法は法ではない（*lex injusta non est lex*）――を主張した。

〈合法、正義、そして正当性〉

この格言は、幾つかの非常に重要な概念を含んでいる。そこでこれをもっとじっくり考える必要がある。人々は常に法が存在する以上、従わなくてはならぬのであり、合法的行為は良く、不法な行為は悪いという合法性なるものを主張してきた。言い換えれば、他人に重要な影響を与えるような行為は、いかなるものであれ法によって規制されなくてはならない。なぜならば、そうすることで、何が合法的で何がそうでないかがわかるだろうし、他人の合法的行為への期待に、我々の行為を準拠することができるであろうから。ここで初めて我々は、ある法が、――適正な書式で作られなかったからでも、適正に公布されなかったからでもなく、また、手続的な欠陥によって無効にされたわけでもなくて、他の優位の基準、つまり正義の基準に適合しなかったがゆえに――もはや法ではないのではないか、という驚くべき命題をつきつけられたのだ。この格言が我々に告げていることは、ある法が合法ではあっても、同時に、適法ではないかもしれない、ということであり、このような欠損はその法にとって致命的であるということである。

今や、正当性というものはすべての政治の根底にあるものである。もしある君主が正当に権力の座にあるのでなければ、単なる簒奪者であり、合法的にその座からひっくり返すことができよう。実際のところ、君主に正当性が欠けているということそれ自体が、君主を打ち倒す試みという冒険を企てる者たちに、正当性を与える。そしてここにおいて、――君主支配をまさにその根本から揺るがす一つの破壊的な命題である――もしも君主が不正義な法を作るならそれは法などではないのでありそれゆえに従わなくてもよい、ということを教会は教えているのである。

だが、「不正義な」法とは正確にはいかなるものなのであろうか。最初にこの法格言を作り出した教会法学者にとっては、これは神の法に従うことに失敗した法というものであった。しかし、正義の概念は神の正義を遥かに越えて拡がっている。正義とは、人間相互間の幅広い行為にあてはめられる深く人間の価値観のしみ込んだものである。ラテン語の *Justum* は、「公正な」(righteous)という意味であり、それゆえ、正義は、高潔さ、清廉さ、礼儀正しさ、誠実さ、不偏さ、公正さ、公平さ、公明正大さ、調和のとれたもの、及び、似たような多くの良いことなどを含んでいる。今日においてさえ、我々は「正義」を、法が良法か悪法かの最終的なリトマス紙として受け入れている。そして、もし法が特定の事例において、明らかに公平でない結果をもたらすときは、我々はその法を批難し改良を叫びがちである。

そこで、これらの中世の教会法学者たちによると、何が公平かについて意見が一致し得るとき、我々は、君主の作った法そして最終的には君主の支配そのものの正当性を判定するための判定基準を、有しているということになるだろう。そして、それ以後ずっと、何が公平かについての意見の一致というものが追求されている。


〈臣民の自由〉


一二一五年にジョン王からマグナ・カルタをひき出した王の部下どもは、自分たちの利益に対するほどには、法の正義ということに関心はなかった。しかし、彼らの利益は、法の合法性や執行に対する関心と同じく、他の多くの王の臣民たちの権利や自由についての関心をも含んでいたように思われる。例えば、マグナ・カルタの一節は「いかなる自由人も、その同輩の合法的裁判によるか、または国土の法によるのでなければ、逮捕、監禁、差押え、法外放置、もしくは追放され、または何らかの方法によって侵害されることはない」というものであった。

そして、これはまた以下のようにも述べている。

「朕は何人に対しても正義あるいは司法を売らず、何人に対してもこれを拒否または遅延せしめない」。

そして、エドワード三世が、一三五四年にマグナ・カルタを再び是認したとき、王は、どの地所の、どういう状態にある者といえども、「適法な法手続によらなくては」害されるべきではないと約束し、後に人権の体系中中心的なものの一つとなった「法の適正手続」――疑いもなく正義の主要関心事の一つである――という偉大な概念を導入した。

ヨーロッパにおける中世の終りに到達するまでに、我々は君主と司祭双方の権力における、それゆえ国家というものの未来の政治構造における、ある転換点に達していた。何世紀にもわたって広く保持されていた西欧における単一のキリスト教信仰は、宗教改革により遂に粉々になってしまった。その少し前には、ルネッサンスにより現世的思想は興奮で沸き返った。これらの恩恵によって、君主たちは、どんどん教会を無視できるようになった。例えば、イングランドのヘンリー八世は、自分に都合のよい法を作っただけでなく、自分を己れの教会の長に任命するという便法でもって、正義の唯一の裁決者としての地位を握った。

だが、一五八一年までにオランダ議会に集まった、スペインのフェリーペ二世（Philip II）の臣民であったオランダ人の一団は、もっと革命的な発議をも行うことができたのである。これは次のようなものであった。

「神は、臣民を、神聖か否かとか正しいか誤っているかなどということはすべて君主の判断にまかせ、たんに奴隷として君主に仕えるものとして、君主の利益のためにのみ作り給うたのではなく、臣民の利益のために君主を作り給うたのであって、そのような君主でなければ君主は君主ではない。」

明らかに、フェリーペ二世の治国策は、フランダースの領地では失敗したのである。この彼等の故国放棄の行為は、不平分子による不平の域を越えていたのであり、臣民による君主の支配の正当性への挑戦であった。そして、この挑戦が拡がっていくのに時間はかからなかった。君主の正当性が試練にあったもう一つの場所は、再びイングランドであった。そこでは、十七世紀、宗教的・経済的・社会的要因が重なって内乱となり、臣民集会の権威によって国王の首がとび、スチュアート朝の国王たちが常に支配の法的根拠として主張していた「国王の神権」を最終的に拒否することとなった。

これは以下の二つの点において、まさに革命であった。君主の臣民たちは、自分たちの力を王に向け――戦場においてのみならず、感情と理性の両面においても――勝ったのであった。事実、彼らは新たな君主を自分たちを支配するために王位に就けはしたが、今回、そしてそれ以後ずっと、彼ら自身の選択と黙許によってのみそうしたのであった。

もう一つの重要な記録がある。一六八八年の「イギリス権利の章典」の中に、勝利者たる臣民は、一二一五年のジョン王の家臣たちがしたように、君主が今後不可侵のものとして侵害することのないよう、「古来からの権利と自由」をはっきりと書き出したのであった。この章典は、明白に、それまでの君主の表面的な合法性は正当なものではなかったということに基礎を置いていた。この章典は、次のように述べている。「国会の同意なくして、王の権威により、法律の停止権、または法律の執行権があるかのように振る舞うことは違法である」し、また、不規則の裁判所を設けたり、陪審員名簿から陪審員を選ぶことに失敗したり、行政機関により過度の保釈金や罰金を課したり、残虐かつ異常な刑罰を科したりすることは「法に基づいての係争ではない」。

そこで、次の段階への問題が用意された。法が正当か否か、それゆえ君主の支配が適法か否かは、君主をすげかえる権利を持ち、そして、もしその意志があるときはそうできる力を持っていることをここに示した臣民によって、決められることとなったのである。主権は、君主から民衆に渡り始めたのである。

第四章　臣民と国家

次の十八世紀は、理性と啓蒙思想の時代であった。自然科学の進歩と、長く支配していた教義から思想が解放された結果、ルネッサンスに始まり宗教改革によって加速された変革は、その頂点に達した。イギリスにおける革命と、哲学者ジョン・ロックの思想は、ルイ十四世の後継者たちが神権による支配を未だ主張していたフランスにおいてさえ、少なからぬ関心をもたらしたのである。ジャン・ジャック・ルソーは、支配者は、支配者に権利を与えると同時に義務を課す臣民との間の「社会契約」によりのみその権力を派生し得るという考え（ロックと近代国際法の父ユーゴ・グロチウスに由来する）をもとに、より極端な革命的政治理論を発展させた。ルソーによると、君主の意志は、単に人民の「一般意志」であるにすぎなかったのである。もう一人のフランス人モンテスキューは、新しいイングランドの――厳格には今の英国の――政治制度を学び、彼の著書『法の精神』の中で、そこよりひき出したアダム村以来我々には馴染みのある、政府の三つの重要な機能――法を作り、適用し、実施するという――間の「権限の分立」という新しい考えを含んだ政治機構の分析を行っている。彼の論ずるところによると、各々の機能は、立法、司法、行政という別々の機関により行われるべきであり、また、互いにこれらは独立していなくてはならない。そして、この分析はその当時の英国の真の政治状況を反映してはいなかったが、しかし、この世紀の終りに向けて起きた出来事に重大な影響を与えた。

〈アメリカ及びフランス革命〉

この出来事というのは、ほとんど同時に起きたアメリカとフランスにおける革命であった。これにより、共に、それ以前の世襲的君主支配は、選ばれた代表者により統治される共和政体に取って代わられた。しかし、目新しいのはこれだけではなかった。いにしえにおいても、ギリシャの都市国家やローマ帝国それ自体にも、また、もっと新しいところでは、スイス、ヴェニス、オランダにも共和制体は存在していた。しかし、ここでそれ以前には決してなかった目新しいことは、憲法と呼ばれる単一のものに新国家の全基盤を秘めたこと、つまり、モンテスキューの理論に従って分けられた政府の権限及び権能のすべてが、憲法から発生させられたということである。この例は、次の世紀に入ると、他の多くの国がみならうところとなった。そして、名ばかりの支配者として世襲君主を存続させた国においてさえ、成文憲法を君主に認めさせ、君主の地位を立憲君主国のそれにまで減ずることにより、君主の権限を制限しようとし始めた。今日では、憲法理論上絶対君主はもはや多くは残っていない。近代的国民国家がそれに取って代わってきているのだ。

しかし、アメリカとフランスの革命は、我々の目的のためにはもっと重要な革新的なものを作り出した。それは、新しい国家それ自体のまさに礎というべきものに加えられた、国内の個人の権利と自由に関する初めての公式な列挙及び定義である。フランスでは、これは一七八九年の「人及び市民の権利に関する宣言」の形をとり、アメリカでは、一七九一年に憲法に加えられた権利の章典の形をとった。両者は共に、法の下の平等、法の適正手続、恣意的な逮捕及び留置からの自由、不法な捜査及び没収よりの自由、無罪の推定、公平な裁判、集会・言論・良心及び宗教の自由、財産権、などを含んでいた。歴史上この種のものとしては初めてのこれら二つは、後の人権理論の発展及び人権の尊重を確かなものにするための行動の発展に対し、非常な影響を及ぼしてきた。

〈人間の権利〉

だが、これらの革命は共に、個人と共同体間の適正な法的関係について、新しい考察を求めるものでもあった。神の法が、いかなる現世の法に対しても、正義――そして、正当性――の審判について一般的に受認された枠組みを与える限りは、紛争の最適な処置というものは単に神の法を正確に記述することでありまた解釈することにすぎなかった。このやり方は、馴染み深いものであり、教会法学者によって行われてきたものである。ここでは、意見の相違というものは起きはしたが、争っている者たちは少なくとも同じ前提から出発したのであった。しかし、ルネッサンスと宗教改革から理性の時代（Age of Reason）へと進むにつれ、これらの共通の前提は崩れ、法の正義についての新しいリトマス紙が求められ始めた。そこで再び自然法が抽き出され、グロチウスとロックの著作に基づいて復活させられたのである。しかし、今回は、我々のまわりの世界から天の啓示を以前のように捜し求めるというのではなくて、博物学とか、自然科学などといろいろな名称で呼ばれている新しい分野において認められている、「自然の法則」という形をとった。

多くの人々によって、熱烈にかつ長い間、自然法は捜し続けられた。しかし、正しいのは何かとか、正当なものは何か、というような道徳の次元のことに関して物質の世界を冷静に研究することにより、物理学の法則に比すべきような法則を自然界の法則から見出そうというのは、難しいことだと言わざる得ない。そこで、アメリカ独立宣言の作成者たちは、この問題と取り組んだときに、結局神に戻ってしまった自分たちに気がついた。つまり「すべての人は平等に造られ、造物主によって一定の奪うことのできない権利を与えられ……」とすることであった。そして、彼らは、まことに率直にこう主張している。「我々は、これが自明の理であると考える。つまり、心底信じているのであり、真実だと確信しているのである。しかし、このことを、いかなる独立した確かめ得るそれ以前の事実からも導き出すことは、実際のところできない」（トーマス・ジェファーソン（Thomas Jefferson）は、彼の書いた草案においては、創造主の名を用いてこれに頼るよりも、むしろ権利を「聖なる、否定し得ないもの」としたかったであろう）。フランス人もまた、その宣言では、「人は自由、かつ権利において平等なものとして生まれ、存在する」という主張への権威づけとして、「最高存在の前に、かつ、その庇護のもとに」としている。

しかし、いかにその前提が心もとないものであれ、アメリカとフランスの革命の偉大なる記録である宣言等は、マグナ・カルタやイギリス権利章典などそれ以前のものとは、根本的にある一点で異なっていた。これらは、異なる利害を有する集団間の闘いを反映したものとして、君主から嫌々ながらの譲歩を引き出したものなどではもはやなかったのである。これらは初めての、当時「人間の権利」と呼ばれた基本的権利及び自由の首尾一貫したカタログであり、人間であるという事実だけであらゆる個々人に「賦与されている」ものであり、与えたり奪ったりすることが誰かの権力に由来するものではなかった。普遍的な権利及び自由として、「奪うことのできないもの(不可譲の権利)」とみなされていたのだ。これは、人権概念の発展において最も大きな一歩であり、そして一度踏み出したらもはや戻ることができないということが証明された。

〈国内人権法〉

アメリカ人とフランス人は、新国家の基礎として、新しく作られた立法機関により作られた法をも含むいかなるものに対しても、また、いかなる人に対しても優越する成文憲法の中に、これらの人権のカタログをしっかりとはめ込んだ。この点において、新しい非宗教的な時代においては、憲法が、通常の法が「正しい」か否か、それゆえ、公正であるか否かのリトマス紙として神の法や自然法に取って代わったのである。そして、立法機関は、単に憲法の許すような法のみを作る権限があるだけとなった。不正ならば違法であると言う代りに、違憲ならば違法であるということとなった。そして、不正か否かの問題を決めることを教会に任せる代りに、憲法は、違憲か否かの問題を裁判機関——アメリカでは最高裁判所——に任せた。

次の世紀には、他の多くの国がこの例に従った。成文憲法を獲得したので、これらの国は各々の国の状況に合った独自の人間の権利のカタログを憲法に入れ、法律の合憲性をテストするために憲法裁判所や最高裁判所を設立した。そして、これにより、これらの憲法や憲法の権威の下に作られた詳しい法律及び国内の裁判所による憲法や法律の解釈を通し、多くの国において、市民の権利とか市民の自由に関する法と呼ばれる実際に国家と個人の間の基本的な法律関係を扱う法の新しい集積が進み始めてきた。今日これは、(国際という言葉に対し)国内人権法と呼ぶのが適当であろう。こういう意味では、アメリカ合衆国最高裁判所は、世界で最初の人権裁判所であった。

〈社会主義〉

最初イギリス人を、そしてアメリカ人とフランス人を革命に導いた一つの重要な要素は、「ブルジョワ階級の台頭」であった。つまり、土地を所有することからではなく、初めは取引により、後には物の製造により富をためていった新しい階層が、徐々に経済力をつけていったことである。右の革命において、この階層の者たちは、勿論初めは彼ら自身の権利を拡げることを確実にすることに主な関心があった。しかし、ジョン（John）王の家来たちのように、それだけが彼らの唯一の関心事ではなかった。彼らは、新しい自由を、自分たちのためだけではなくすべての市民のために(但し、この概念には、当時なおアメリカでは奴隷が、またフランスでは婦人が除かれていたが）主張した。

十九世紀、産業革命はヨーロッパの大部分に拡がり、それ以前と比べずっと根本的な経済の変化をもたらした。産業革命は社会全体の富のトータルというものを非常に増加させはしたが、少なくとも当初は富の増加は極めて不平等なものであった。このため、この時代における社会的な出来事の幾つか、特に労働における個人の搾取は、スキャンダル以外の何ものでもなかった。これらは当時のエンゲルス(Engels)やディッケンズ（Dickens）らによって目のあたりに見るがごとく描かれている。この現実が、フランスのプルードン（Proudhon）やイギリスのマルクス（Marx）が主に貢献した社会主義という新しい政治手法の発展へと導いたのである。

ある意味では振り子が戻ってき始めたのだ。十七・十八世紀の自由主義者たちは、絶対的支配者の軛《くびき》から、自分たちを解き放つことに関心があった。それゆえ、自分たちの要求を、不干渉の要求——要するに政府に放っておいてもらう要求——として表現した。これに対し、十九世紀の社会主義者たちは、全く正反対のことを要求した。つまり、政府は、社会的・経済的不正義を直すために、積極的に介入すべきだというのであった。少なくともヨーロッパにおいては、一八四八年の不成功に終わった革命や、最終的には成功した労働組合の法的認知を求める闘争などを含む数多くの闘争の結果、社会主義者の要求は徐々に容れられていった。最初は、工場立法や他の労働法という形で、その後今世紀に入ってからは、ヘルス・ケアー、国家年金制、失業手当、社会保障給付の制度の整備を通して。これらの闘いにおける勝利は、推し進めようとしている集団による事業のために個人を犠牲にして闘った人々の団結に負うところが多かった。実際、「集産主義」は、社会主義のそもそもの特徴であった。そして、最初に公然と社会主義と集産主義を備えた国家は、一九一七年レーニンの指導の下にソ連に建設された。

他方、生産過程において人間を無制限に搾取する悪魔についての認識がこの時代には育ってきたため――法王レオ十三世の一八九一年の回勅「労働者の境遇について」(*rerum novanum*) の少なからぬ影響を通して――、どうみても社会主義の国とはいえない多くの国もまた、国家による公権力の単なる不介入よりむしろ介入を求める諸権利を含んだものへと憲法のカタログを拡げた。

〈功利主義と実証主義〉

そして徐々に、「基本的」権利及び自由の概念は、通常の法律を超えた地位を獲得し、法の正義と正当性に対するリトマス紙としての基盤を作っていった。二十世紀初頭までには、この概念は植民地ではしばしば未だに実現されていなかったし、本国においてすら時には未だ実現されていなかったが、少なくとも憲法理論上は主権国家の多くの間に定着してきていた。しかし、その危なかしい理論的根拠に対し、懐疑的な批評家がいないわけがなかった。

例えば、功利主義哲学者は、最大多数の最大幸福を達成することに公共の利益が存するのであり、これのみが社会政策の正しさの唯一有効なリトマス紙だと主張した。

したがって、彼らは「自然法」から「権利」の概念を抽き出すことはしなかった。例えば、ジェレミィ・ベンサム（Jeremy Bemtham）によると、「生来の」権利は、まさにノンセンスであり、「生来のかつ消滅さすことのできない」（つまり、不可譲の）権利は、修辞学上ノンセンスであり、「大言壮語」であった。また、一般哲学と法哲学の双方において、「実証主義」という一つの流行があったが、法哲学における実証主義によると、外界に実在することが経験的に示せないようなことを議論することは、文字どおり無意味であった。そして、この理論によると、ちゃんと論ずるに値する権利とは、現実に実行を強制することのできるものだけとなる。つまり、もし裁判所があなたに何らかの救済策を与えるならば、あなたは何らかの権利を有していると言える。しかし、もうそうでないならば、あなたが権利を有しているなどと言っても無意味である。この考え方に賛同する者たちは、少なくとも一つの正当な問題点を提起した。つまり、神や自然や道徳律や自明の理などということを人権支持の基礎に置く必要がある限りは、神の存在を信じない者や、自然界にはめ込まれた人間の権利なぞないという者や、その道徳律を異なったところに置く者や、トウトロジーとかツリビウムではないいかなる命題による自明の理をも否定する者などと議論するときには、これはまことに薄い基盤の上に立たざるを得ないという点である。

もっとも、功利主義者も実証主義者も、道徳的要求ということを否定はしなかったし、場合によっては、そのような要求が法的権利に変わるべきだということを否定しもしなかった。ただ、彼らはそのような場合でない時までも、かくのごとき要求に対して「権利」という表現を用いることが正当かどうか疑問視していたのだった。後にみるように、その後、この疑問を国家主権の理論と組み合わせ、己れの有利に展開していく者が出現した。

〈国家主権〉

十九世紀における国民国家の発展は、同時に国家主権論の発展を伴うものでもあった。既にみてきたように、この理論のルーツは、君主の自治への欲求であった。まさに、臣民が私的なことについては、隣近所からいや君主や国家からさえもそっとしておいてもらう権利を要求するように、君主も、他の君主からそっとしておいてもらう権利を主張したのである。だが実際には、臣民が他の臣民と付き合っていかなくてはならぬように、君主も常に他の君主と付き合っていかなくてはならない。そして、時を経て、この継続的な付き合いの処理が最終的に国際法として公式化される行動準則へとなっていったのである。しかし、臣民がそうであるように、君主も内部の出来事については相互の干渉を許しはしない。つまり、他のすべての君主に対し、自国の領土内における絶対的な主権を主張するのである。そして、このことは各君主にとってまことに都合の良いことゆえに、互いに喜び勇んで認め合い、国際法の最初のより所であり本書第二部でもっと詳しく扱う予定の「国際慣習」の一部をアッという間に形成するようになる。

君主主権の概念は、結局のところ法理論上二つに分けられた。第一は、領土主権と呼ばれるもので、有形の領地に対する君主による排他的支配を示していた。第二は、君主の個人的主権と呼ばれ、領土の内・外を問わず、己れの臣民に対する君主による排他的支配を示していた。それゆえ、例えば、君主を倒そうとした臣民は、たとえそのすべての行為が君主の領地外で行われたとしても、その君主の同僚である他の君主の同意により、君主すべての利益のために、その君主にある程度の治外法権の裁判権というものが与えられ、この者は反逆罪として有罪とされ得ることとなった。そして、この類推として、もしもある君主が他の君主の臣民を傷つけたとすると、これはその君主自体に対する侮辱であり、その君主に、臣民に対する権利侵害ではなく己れ自身への権利侵害として賠償を求める権利を与えることとなった。つまり、国際法の「対象」――国際法が適用され、国際法の下に権利と義務を有する実体――は君主であり、後には君主の後継者たる国民国家であり、それ以外の何ものでもなかったのである。一般人は、君主と国家の対象物であり国内法の対象であるにすぎず、国際法の対象ではありえなかったし、また、国際法のシステム上いかなる権利も主張することはできなかった。

こういった概念が発展すると、以下のような重要な結果にいきついた。つまり、君主に、領地外で犯された行為に対し裁判権を実行し得る権利が与えられるや否や、「国際法上の犯罪」――つまり、犯罪を犯した地の君主以外の君主により処罰し得る犯罪――と呼ばれるようになるものへと舞台は移っていったのである。このような犯罪の明白な例は公海――つまり「公の地」――でなされた海賊行為であり、海賊はどこで逮捕されても処罰され得たのである(この特殊な扱いは、以後、ニュールンベルグの原則と呼ばれることとなった戦争犯罪及び人道に関する犯罪や、その後のジュノサイド条約、アパルトヘイト、外交官の誘拐、飛行機のハイジャック、最近では核原料に関する犯罪にまで拡げられてきている)。
また、ある臣民に対する違法行為はその臣民の君主自身に対する違法行為とみなすという考えにより、国内法に基づいて各君主が外国人の生命、自由、財産の保護を行い公正な裁判所での適切な処置を行うよう求めるようになり、その結果、外国人の扱いに関する国際的に認められた最低限度の基準というものの発展へとなっていった。このことは、国際法上、君主は少なくとも外国人については今日人権と呼ばれているものの幾つかを尊重することを余儀なくされたが、他方、臣民に対してはそのような義務はなかった、という奇妙な結果を産み出した。

要するに、何世紀にもわたり、君主は他の君主に対し彼の臣民をいかに扱ったかについては答えなくてはならないが、自身の臣民をいかに扱うかは排他的主権に属することであり、彼が自国の臣民をどう扱うかということに影響を与えようという試みはいかなるものであれ、君主の個人的主権を害そうとするもの——つまり、「君主の国内的業務に対する不当な干渉」——であり当然に拒否することができる、ということが何ら争う余地のない理論として存在していたのである。

〈人道に関する事件〉

それでもなお、国際社会は、君主によるものだけでなく臣民による事件にも関心を持ち始めた。例えば、奴隷制度の問題は、昔は全く正当なものとして、使徒ポール(St. Paul)によってすら何ら明白に批難されることもなく認められていたものであった。奴隷制度は、他の帝国におけると同様、大英帝国の植民地であった北アメリカや西インド諸島において広く行われていた。しかし、十八世紀の終りから十九世紀の初めにかけて、世論はこれに反抗し始めた。一七七二年、*Sommersett's* 事件において、マンスフィールド卿（Lord Mansfield）は、イングランドにおいてはもはや奴隷制度は存在しないのであり奴隷は誰であれイングランドの地を踏むや否や自由となる、と宣言した。主にイギリス人の推進者ウィリアム・ウィルバーフォース（William Wilberforce）の影響により、英国議会は一八〇七年奴隷取引を廃止し、一八三三年、大英帝国内の奴隷制度自体を廃止した。しかし、すべての人間は平等に生まれついている、という一七七六年の自明の真実にもかかわらず、アメリカ合衆国においては、その後ほとんど一世紀後の血まみれの南北戦争の後に初めて奴隷制は廃止された（トマス・ジェファーソン（Thomas Jefferson）の原案に見られる奴隷制度に対する痛烈な批難は、独立宣言の最終案中に入れることはできなかった）。

勿論、その当時の大英帝国の大きさから言うと、世界人口のうちかなりが多少とも単一の法体系に属していたことになるとはいえ、以上のことは国際法のレベルではなく、国内法のレベルの問題として起きたにすぎない。真の国際的レヴェルにおける禁止は、一八八五年のベルリンで行われた中央アフリカ会議まで待たなくてはならない。この会議で全参加国の賛同を得た一般決議において、「奴隷取引は、国際法の諸原則に従って禁止される」ということが喜んで確認された。しかし、この確認は、君主の領地間で行われるがゆえに君主たちにより構成される社会が正当に関心を持つことができる国際取引に関してのみのものであり、各君主の領地内でのみ行われているにすぎぬため国際社会の関心事から除外される奴隷の国内取引に関してのものではなかった。主権国家が、批准国に国内での奴隷取引自体をも廃止することを求めた国際奴隷条約を採択したのは、一九二六年になってからであった。

それにもかかわらず、また、一九四五年以来近代国際人権法典により奴隷制度は絶対的に禁止されているにもかかわらず、マスカットとオマーンが最後にこの制度を公式に廃止したのは一九七〇年になってからであった。

他方、十九世紀にオットーマン帝国内で起きた事件は、領地内における君主による臣民の扱いについて国際的関心を引き起こした。一八二〇年代には、バイロン卿（Lord Byron）は、ギリシャ人の独立への闘いに世間の共感を得るためのキャンペーンに助力した。一八五〇年代には、パレスチナの聖地及びキリスト教徒の扱いについてごたごたがあった。一八六〇年から六一年には、シリアとレバノンにおける出来事にフランス中の関心が集まった。一八七七年には、グラドストン（Gladstone）は、現在のブルガリアにおけるオットーマントルコの不正規軍による約一二〇〇〇名ものキリスト教徒の虐殺に関し、英国議会と民衆の感情を煽った。正式には、これらの出来事はすべて主権者たるトルコのサルタンの領地内で起きたのであり、それゆえ、他人の出る幕などなかったはずである。しかし、このような出来事は、「人間の良心に衝撃を与え」たものだったため、「人道による干渉」行為を正当化するといわれ、それゆえ、このような事については、以前の国家主権絶対の理論は徐々に弱まり始めた。

同じ頃、中立国スイスにアンリ・デュナン（Henri Dunant）が設立した赤十字の運動は、戦争をもっと人道的なものにしようと、そもそもが最初から国際法の最大関心事の一つであった戦争法規の改革を促進し始めた。この運動は、戦争によって引き起こされる被害を限定し戦争捕虜の扱いを規制するものとして規定されたハーグ条約、そして最終的にはジュネーヴ条約へと導いた。

今世紀の初めにおける他の問題領域は、産業労働者の賃金、労働条件、健康、安全であった。そのときまでに既に産業先進国の中には、こういった条件を改善しない国に取引先をとられるという代価を支払わなくてもよければ、喜んで改善しようというものが何カ国かあった。それゆえ、ここにもまた国際協定の余地が存在したのである。そして、一九一九年ジュネーヴに設立されたI.L.O.が、これらの提案や議論を先導していった。I.L.O.が正式に設立される前においてでさえ、一九〇六年ベルンにおいては二つの多数国労働条約が結ばれた。それは、ひとつは婦人による夜間労働に反対するものであり、もう一つはマッチ工場での有毒な白燐の使用に反対するものであった。

〈ヴェルサイユとその後〉

第一次大戦による結果の一つは、ポーランドが独立国として再生したことであった。しかし、ポーランドの国境は、かなりの数のドイツ語とチェコ語を喋る少数民族を含むように引かれたので、これらの少数民族を特別に保護するために、一九一九年のヴェルサイユ条約及び一九二二年のポーランド＝ドイツ・アッパーシレシア条約には、彼らに学校とか宗教組織を作る権利及び、印刷物や公の席とか裁判において自分たちの言語を用いる権利を保証するものが含まれていた。

だが、これらの条約はそれだけにとどまらず、更に、全居住者に、生命に対する権利、身体の自由及び宗教の自由な活動の権利を保証し、全国民に対し、法の下の平等な扱い及び同等の市民的、政治的権利を保証した。多分、I.L.O.条約を除いては、これは主権国家が条約によって己れ自身の国民をいかに取り扱うかについて拘束された初めてのケースであり、特に一九二二年の条約はまた、法の歴史始まって以来初めて、主権国家に対し個人の権利を確認させることのできる権利を自国民にも外国人にも与える国際仲裁裁判所を設立したので、その後非常に重要な先例となった。そして、一九二七年には、それまで無名だったポーランド人スタイナー（Steiner）とグロス（Gross）と呼ばれたチェコ人（つまり、一人は自国民であり、他方は外国人であった）が、この国際法廷に国を訴えた初めての個人となった。彼らは、このケースにおいて、ポーランド国家によるタバコの独占により彼らのタバコ事業が被った損害賠償を求め、国際法により与えられた権利を主張したのだった。

〈政治的、社会的大変動〉

そして、その後ほとんど同時期に、このような明白な進歩に対する大きな政治的・社会的反動がやってきた。一九三〇年代、ソ連に完全なるマルクス・レーニン主義による集産主義者の社会主義を打ち建てようというジョセフ・スターリン（Josef Stalin）の試みは、少なくとも四〇〇万人、いや多分その数倍もの人が死んだと今や信じられている前代未聞の受難を引き起こした。同じ頃、少なくともニーチェ（Nietzsche）の思想にその政治哲学の基礎の一部を置き、政策においてはスターリンに劣らぬ集産主義であった国家社会主義者たちが、アドルフ・ヒトラー（Adolf Hitler）の指導の下にドイツで政権を握ってきた。彼らは、ドイツ及びその後侵略した近隣諸国において、その質においてもその規模においても過去に例のない、ユダヤ人だけでも六〇〇万人以上の犠牲者を出した残虐行為をしでかしていった。そして、彼らが始め、後に日本が加わった第二次世界大戦においては、これ以外にも二〇〇〇万人以上が戦場でもしくは戦争捕虜として死に、また、少なくとも一五〇〇万人の一般市民が死んだ。

これらの出来事は、過去のいかなる事件よりも深く「人間の良心に衝撃を与え」た。明らかに、このような事が再び起きるのを防ぐためには何かがなされなくてはならなかった。しかし、そこには難しい問題があった。ヒトラーとスターリンは、功利主義者というには程遠いものではあったが、自然権なぞは「大言壮語だ」という立場を喜こんでとった。両人の制度では、その過程において少数――いや多数であろうとも――の者の幸せを壊すかもしれないという慎重な配慮なしに、何が最大多数の最大幸福を構成するかが決定された。彼らは超法規的実証哲学者であった。つまり、彼らにとって存在する権利は、彼らが国内での実施を許した権利だけであった。短期間ではあったが、不吉な魔力によって、彼らは、正義とか正当性ということについて具合の悪い見解を持っている司祭に屈服するというようなきまり悪さなしに、絶対的君主としての地位を再び作り出したのだった。そして、お節介な外国人が抗議にやって来たら、最も残酷な形での国家主権の理論により追っ払った。

つまり、当時の厳格な国際法の解釈においては、ヒトラーやスターリンの行為が正当であるか否かを判定する方法はなかったのである。もしも彼らが、自分たちの行為は各々の主権国家の国内法に基づいていて完全に合法であると主張したら――実際、そう主張したのだが――、各国は他国の領土主権もしくは対人主権を害してはならないとする国際法に縛られていたので、これらの国の外にいる者は誰も彼らの主張を争うことのできる地位にはなかったのである。要するに、専制君主は国内法を越えた存在であり、国内法を廃止すらできるのであり、彼の所行を違法とすることができるとか外部の者が彼を訴えることができるというようなことを定めた、彼よりも優位の国内法はないのであり、国内人権法は専制君主に対する安全弁としては落第であった。確かに、人道のための干渉の理論から言うと、他の主権国家は――もし力があれば――ヒトラーからユダヤ人を、また、スターリンから富農を救うために軍隊を送っていたかもしれない。しかし、それは、専制君主の作った法に対しては勿論として、専制君主による支配の正当性に対する正式な挑戦としても根拠づけられるものではなかったであろう。事実、邪悪でかつ情け深くも短命だった同盟に基づき、主権国家ポーランドの領土に兵を送ることを選んだのはヒトラーとスターリンの双方であり、イギリスとフランスが逆にドイツとの戦争を宣言したのは、決して人道のための干渉に根拠を置くものではなく単にポーランドの領土保全に対する厳粛な保証を履行するためにすぎなかった。

どう見ても、これは耐えられない事態であった。国際法には、その当時「戦争犯罪」とか「人道に対する犯罪」と呼ばれるものは勿論として、侵略犯罪を起こすことに対する一般的な拘束力を持つ禁止条項すら存在しなかった。このギャップは大戦後埋められはした。しかし、それは、勝利者の代表だけで構成され特にその目的のために召集された法廷において、戦争犯罪や人道に対する犯罪でヒトラーの大臣や将軍たちを裁くために、という明らかに疑わしい方法によってであった。この裁判がニューールンベルグで行われて以来、侵略戦争や戦争犯罪や人道に対する犯罪が国際法上犯罪となるという主張の典拠となっているのが、この「ニューールンベルグの原則」である。

これらの政治的・社会的大変動によって引き起こされた小さなアイロニーは、初めてドイツにおけるユダヤ人の宗教的迫害をそして後にユダヤ人の大規模な虐殺を立法化した国家社会主義法は、ニューールンベルグにおいて制定されたということである。しかし、それ以上に大きな皮肉は、今日人権法に関する新国際法典を設定するにあたり、ヒトラーとスターリンに感謝しなければならないということだ。なぜなら、彼らなしには、現代の世俗的社会は、宗教改革以来忘れられていたいかなる君主や国家の主権に基づく意志にも優先する、国民との関係について外部から圧力をかけることのできる一連の普遍的基準というものの必要性を再発見することはなかったであろうから。

第五章　近代国際人権法

我々は今、寓話のアダム村から、司祭と君主、ルネッサンス、宗教改革、啓蒙運動、革命、政治的、社会的大変動を経て、近代主権国家とその国民に至る歩みの最後に到達してきている。政治的かつ法律的な理解に関し、二つの考えがこの進歩の根底にある。一つは、主権の絶対という考えであり、他方は、主権の制限という考えである。主権の絶対という考えは、あらゆる法と正義の源としてのローマ皇帝や、全主権の保有者として人民の上に聖なる権利を有した後の君主たちにその好例をみるだけでなく、十八世紀の人民の絶対主権の理論や、十九世紀の功利主義による利己主義的な理解においてさえ、また、近代民族主義的ファシズムやプロレタリアートの独裁と党の指導的役割という集産社会主義の教義という極端な考えにまでも、流れている。他方、制限についての考えの流れには、ローマ人により万民法（*jus gentium*）の中より抽出され、ストア派によって発展し、トーマス・アクウィナス（St. Thomas Aquinas）によって正しい理性の法として聖なる法と同一視された自然法にその発想の源を持つものと、紀元前五世紀のアテネの都市国家にまで遡ることができ、後に、封建領主とその家臣によって引き受けられた権利と義務という相互に関係のあるものにその好例を見ることができ、そして、その後にグロチウスとロックによって自然法の復活理論と結局は結合させられた社会契約の考えに源を持つものとある。

今日、我々は近代的国民国家というものとうまくやっていかなくてはならない。そのためには、まず、これは、何ら具体的現実性を有するものではなく、個人がコントロールすることができる土地とか他の有形物と個々人の関係を反映するよう作られ、個々人が互いに行使し得る権限を規制し正当化するために作られた抽象的概念であるにすぎない、ということを憶えていなくてはならない。そのような国家においては、既に公式な権力保持者と他の住民との間の関係を統治する法が存在していよう。しかし、第二次大戦前に発生しこの戦争を急がせた事件の数々は、こういった国家により形成された国際社会においては、もはや主権の絶対かまたは主権の制限かの選択を国家による無制限の主権の行使に委せておく余裕はないことを明らかにした。つまり、全体の利益のために、各国家に対し主権に優先する外的な一連の制限を課さなくてはならないのである。それゆえ、一九四五年以来、国際社会は、我々が本書第二部及び第三部で見ていくような、国際人権法の圧倒的なまでの法典を設けてきたのである。しかし、それを見ていく前に、我々はまずこの新しい法典の一般的特徴をいくつか見ていかなくてはなるまい。

〈国際法典の特徴〉

この法典は、まず以下のような前提から出発する。人間社会においては、常に他の者に何らかの権力を及ぼすことのできる者が存するということ。そして、支配者の考え及び利益というものは、被支配者のそれとは異なる必要があること。そして、この相対立する考え及び利益は、国内法によってのみ調整され得ること。しかし、この国内法は、国際的関心事である一定の基準に合致しなくてはならぬこと。

こういった前提から出発して、新法典は以下のような顕著な特徴を示している。

㈠　この法典は——どんな法が正しいかということについて存する主権国家間の国際的同意を最終的には反映する——国際社会の同意というものに全面的に依拠している。この同意は、それゆえ、今や多くの人々がもはや信じてはいない創造主とか、経験的な観察とか人々が誠実であれば大いに異なるであろう道徳律などを一貫して回避する自然法則などという、以前の不安定な根拠に取って代わっている。この法典は、もはや「聖なる」とか「道徳的な」とか「生来の」権利などという以前の権利に頼らない。その代りに、丁度科学者や技師が、マイル、リーグ、エル、ポンド、オンス、グレインなどについて、新たに争いが起きないように、メーターとかグラムについて国際的基準に同意しているように、国家も今や人権の国際的基準に、つまりは国家間に明確な法を作ることに、賛同している。

㈡　これらの基準は、文化的・イデオロギー的に中立であるよう慎重に作られている。これらは特にリベラルの基準でも社会主義の基準でもなく、また、東洋の基準でも西洋の基準でも、北の基準でも南の基準でもなく、先進国の基準でも発展途上国の基準でもなく、キリスト教のでも仏教のでも、回教のでもヒンズー教のでもない。

㈢　またこれらは、国家に関しても国民に関しても、純情でも非実際的でも理想主義的でもない。反対に、これらは冷静かつ実際的である。支配者と被支配者の間には常に緊張と紛争が存するものだという現実的な認識から出発し、法典は、両者に対して実際的な注意を払い、両者間に実行可能なバランスをとることから始めている。

㈣　このバランスは、建設的に相互の影響を高めるようなやり方で、厳密に定義された個々の価値と社会の利害の相違点を測り調整するための時には非常に込み入った一連の規則によって達成される。そして、このことは、かつてこの分野の論文では圧倒的であった熱意はあるが漠然とした言葉によってなされてはもはやいない。少なくとも法典中実際に作用する部分においては、価値や利害や規則は、すべてがかなりの正確さでもって定義されている。

㈤　この全法典は、これらのバランスをとるために、法の役割と法の支配の双方を強調し、支配者の権力行使の正当性を評価するための客観的判定基準を与えている。それゆえ、法典は今や専制政治——アレックス・ド・トクヴィル（Alexis de Tocqueville）が「多数決による横暴」と呼んだものも含めて——に対する最上の安全装置となっている。

〈固有の、不可譲の、そして平等の〉

法典が定義し、規定された社会利益に対するのと同じように法典が互いの価値の間についてもバランスをとっている個々の価値（values）は、様々なやり方で規定され得るであろう。しかし、既述のような歴史的な理由から、個々の権利や自由の定義は、法典が、国際社会の構成員たる国家に保証と尊重を強いる、「人間の権利と基本的自由」のカタログという形を採用している。これらの権利及び自由は、そのすべてが「固有で（inherent）」「不可譲で（inalienable）」「平等な（equal）」もの、という特別の性質を持つものとされている。それゆえに、これらの概念は考えるに値する。

我々の法的権利の大部分は、何らかの取引の過程で獲得したために結局我々のものとなってきたものである。自分の家に住む権利とか他人を家から排除する権利は、この家を誰かから買ったとか、借りたとか、相続したとかいうような事実に由来している。もし私が、個人的損害を被ったとして誰かを訴える権利を獲得したとすると、例えば、それは彼が私を通りで轢いたからであろう。そして、いつでもこのような権利を「譲渡すること」——つまり、誰かにこれらの権利を売るか贈り物にするかして、移すか、抵当に入れるか、全く失ってしまうか——は、私の意のままである。そのうえ、人によっては異なった割合でこれらの権利を持っているかもしれない。つまり、あなたは私より大きな家を持っているかもしれないし、あなたのほうが稼ぎが良ければ、道路での交通事故のため仕事が出来なくなったら私よりも多くの損害賠償をもらえよう。

しかし、このどれも「人間の」権利にはあてはまらない。我々は人権を買うことにより獲得する必要はないし、君主や国家から贈り物とか下賜されたものとしてとか取引の結果として獲得する必要もないのである。法典は単に、これらの権利を持ってこの世に現れたものとして我々を扱うだけである。君主や国家といえども、いかに我々が悪いことをしたからといっても、これらを持ち去ることはできないのであり、また、我々はこれらを売ることも、抵当に入れることも、否、失うことすらもできないのである(後に見るように、このことは、法典に含まれる人権の法的境界は、非常に注意深く定義される必要がある、ということを意味する。例えば、無制限な「身体の」自由の権利というものは、たとえ権限ある裁判所による公平な裁判の後であってさえ、有罪犯罪者はだれも投獄されることはないということを意味することとなろう)。

平等に関してはといえば、法典は、人間はすべて同等であるとか、もしくは、互いに代わることの出来るものであるというような考えに基礎を置くほど甘くはない。それどころか、人間を人間たらしめ、人間はすべて等しい尊厳さと尊敬をもって扱われなくてはならぬとする考えの根本にあるものは、まさに人間は独特なものであり互いにみな異なっているという事実である。しかし、人間の個々の可能性が花開くことを許すには、——殺したり、投獄したり、拷問したり、流刑に処したり、食料や住居や教育をひどく不足させたり、治せる病気で死ぬにまかせたり、私生活や個人関係を窒息させたり、他人と通信したり付き合ったりするのを防ぐことなどにより——独断的に個々人の進歩を損ってはならないということが重要である。それゆえ、人間が持つ「基本的」人権と自由に関しては、人間は平等に扱われなくてはならない。他の権利に関して人と人の間にはいかなる相違があろうとも、男女、老若、黒白、貧富、強弱、賢愚、遵奉者非遵奉者を問わず、人は皆、同じだけの人権を有しているとみなされているのである。

そして、以上のような考えは、文明化した首尾一貫した一連の価値観を掲げる社会というものに肩入れする、人権法典の明らかな偏りに基礎を置いている。それらは、多様性への寛容さ、信条や思想や文化の複数性、合理的かつ理性的なこと、法の支配のもとでの紛争の平和的解決、そして、とりわけ、個々人の尊厳性や自律性や高潔さに対する尊敬である。もしも、人権法典が一つのイデオロギーを反映しているとすれば、これらがその価値観の表れである。これらは、西欧の自由主義者と密接なつながりを持っているかもしれない。しかし、これらは他の多くの文化にもルーツを見出すことができるのであり、現在では、伝統も政治制度も経済制度も異なる大多数の国によって是認されてきている。

しかし、法典は、これらの価値はまことに脆いものであり、もしも不寛容な者とか、偏屈者、狂信者、弾圧者、傲慢な者などといった敵から守ってやらないと、生き残れないかもしれないということを十分に認めている。それゆえ、法典は、これらを守るための必要な手段についてはそのままにして残している。しかし、これはまた、こういった手段が濫用されたりしないこと、及び、ある社会がこれらの手段を用いることにより法典が守ろうとしている価値そのものを破壊したりしないということを、保証しようと試みてもいる。

〈権利と義務〉

固有性、譲渡不可能性、平等性という三つの性質は、人権法典の「人間の」権利を、他の通常の法的権利と本質的に異なったものとしている。しかしそれ以外にも、もう一つの違いがある。すべての法理論と法の実践において、権利と義務は相称的（シンメトリー）なものである。そこで、このシンメトリーは、一人の人間に対しても適用される、と信じる一般に誤った考えがある。つまり、私がある権利を有しているなら、同時に、それと相関的な義務を有していなくてはならぬ、とするものである。だがそうではない。つまり、もし私が一つの権利を有しているならば、他の誰かがそれに相関的な義務を有していなくてはならないのであり、もし私がある義務を有しているなら、他の誰かがこれに相関的な権利を有していなくてはならない。あなたが、私から買った物に同意した値段を支払うという義務は、あなたが支払うまでは品物を保持することのできるという私の権利を、そしてもし同意した時刻に支払わなかったならば、あなたを訴えることのできるという私の権利を創り出す。あなたが、通りを傷を負わされることなく歩いて渡ることができるという権利は、負わせた怪我に賠償するという私の義務を創り出す。我々の相互の権利と義務は、利害の相互関係より生じるのである。

そしてこれはまた人権についてもそうなのだが、ただここに一つの重要な違いがある。すべての人権は、その性質上、個々人に帰属する。しかし、人権が与えようとしている保護というものは、主権国家においては保護を与える力を持っている一つの実在物――つまり、主権国家それ自体でありその公権力である――による保護なのである。

もし私が、権力を濫用しようとする強者から守ってもらえてしかるべきだとすると、国家のみが、適当な法を制定し実施することによりこれら強者の力を制限し自制させることができる立場にある。そして、最高の権力は国家自体のそれであるから、それゆえに、私が最も効果的な保護を必要としているのは国家の権力からの保護である。したがって、人権において、すべての権利と相関した義務は国家に降りかかるのであり、国家は私を、己れ自身を含むいかなる者からも保護しようとしなくてはならないのである。

このことは幾つかの明白な例外を引き起こすが、それについては後の章で触れよう。このことは、また、利害関係において一つの不均斉を作り出す。なぜならば、被統治者に対し及ぼす権力それ自体を自制することは、支配者の本来の利益に反するからである。支配者にとって、臣民を自分から守るための法を制定する動機など、ほとんど存しない。勿論、このことこそが、国家に対してある程度優越した（または、少なくとも外的な）基準に基づいた制限――今日では、このようなものとしては、国際社会の基準しか存しないが――が結局は課せられなくてはならぬ理由である。しかし、本書第二部で見ていくように、国際社会には——むしろ、既に取り上げたアダム村のように——それ自体の法を実施するメカニズムというものが明らかに欠けている。現在国際法は随所に存在するにもかかわらず、全くひどい国際法違反が何ら罰せられることがないということを幾度も目撃してきているのは、これが主な理由である。

こういった問題については、後に触れる必要があろう。だが、今は、法典がいかにして作られ、いかに作用するかをみる時である。なぜならば、とにもかくにも、法典は作用をしているのだから。もし法典が存在しなかったら、今日、今以上に人権侵害が存在していたであろうから。

第二部　法典はいかに作られ、いかに作用しているか

第六章　国際法の作成

ここでの調査は、国際法の作られ方についてもう少し詳しく見ていくことから始める必要がある。つまり、国際法は、いかなる形式をとり、対象をいかに拘束し、いかに解釈され適用されるのか、ということである。ここでは、第九章と第十章に、国際法の実施についての問題を残しておこう。

〈国際社会〉

以上見てきたように、法というものは、ある行為が合法か違法かを分類しそれぞれの結果を詳述することにより、ある特定の共同体の構成員――例えば、寓話中のアダム村の住民、ある特定の君主の臣民すべて、ある近代的国民国家の領土内の全住民などのような――の行為を統治する拘束力ある規則である。国際法が最初、何らかの存在意義と内容を有するものとして認知されてきたとき、これが適用される国際社会の構成員とは、主権を持った君主であった。今日、国際社会の構成員は主権国家

——国内法上の社団法人や会社のように、法的な権利や義務を有している法的実体とみなされている——であり、また、参加国により作り出された政府間機関、例えば、国連やその専門機関とか、ヨーロッパ審議会や米州機構やアフリカ統一機構のような地域協力機関である。

それゆえ、多くの点に関し、国際法は国内法を反映している。もっとも、重要な違いが二つあるので、この類似性はあまり強調することはできない。

第一の違いは、国際法制度は正式な法制定機関または議会を有していないということである。国際社会には、いかなる法が国際社会のメンバーを拘束するかを定めることのできる単独の超君主は存しないし、己れたち自身を拘束するような法を制定することのできる選挙で選ばれた議会も国際社会は持っていない。第二に、国際社会には、法の遵守を確実にするための強制力を独占している機関は存在しない。つまり、誤ったことをした国家を逮捕し裁判にかける国際警察官はいないし、そんな裁判の判決を充たすために財産を差し押える執行吏もいない。いや実際には、主権国家に強制的裁判権を持つ国際裁判所すら存在しない。

少なくとも、これら二点において、国際社会は、アダム村に似た、未だ発展途上にあるものといえる。国際社会のメンバーを拘束する唯一の法というものは、彼らが自ら拘束されることに同意したもののみであり、強制するための唯一の手段は、自救行為と集団的制裁であり、最後の手段としての国際社会からの追放だけである。国際法が今日、多くの複雑な事件をまことに高度に洗練されたやり方で扱っていて、その内容たるやまことに進んだものであるにもかかわらず、未だ進化の「初期の」段階にあると評する人がいるのはこのためである。

〈国際慣習法〉

アダム村での出来事のように、国際社会のメンバーもまた、自分は決して明確に同意などしていないのだから既存のそういった法のどれにも拘束されない、と主張する新参者の問題に直面する。この問題は、アダム村でのときと同じように解決されている。つまり、ある法が充分に広く同意を得ているように見える場合は、たとえ何カ国かが明確に同意してはいなくてもこの法はすべての国を拘束するものとみなされるのである。実際、長い間、これがすべての国際法の法源であった。そして、どういうものがこれに該当するかをみつけるためには、法として認知された一般慣行の証拠としての開明君主による国際慣習にたよったのであった。つまり、開明君主たちが一貫して、戦争の勃発に際し無事に敵国の大使を帰国させ、公に敵国もまたそうすべきだと宣言したとき、このことはすべての君主を拘束する国際法上の一般ルールとみなされるようになった。実際上は、国際法は、他の相違はいかなるものであれ、皆に共通であるように思われる規則としての、むしろ古代ローマの万民法（jus gentium）のようなものであった。

ここでの重要な概念は、「終始一貫して」（consistent）と「文明化した」（civilized）というものであり、これらはある時期の思想を反映している。「終始一貫して」という概念は、常に厳格に解釈されていたわけではない。最も文明化した君主による一般慣行のときたまの不履行といえども、この失敗が一般的に法の違反とみなされるならば、このルールにとって致命的とはみなされなかった。しかし、長い間、「文明的な」という表現は、大変有意義な機能を果たしてきた。この表現は、非文明人という外部のサークルに追放される危険を避けるために、皆が従うだろう基準として「君主による最善の慣行」と呼ぶものを設けることを可能にし、それによって、国際法に改良及び改善の余地を与えた。だが今日、「文明化した君主」という表現は、「君主」という表現を「国」とか「国家」という単語に代えたとしても、もはや何やら流行遅れとなっている。これは主に、十九世紀にヨーロッパ列強が、野蛮というほどではないにしろ非文明であるとみなしていたアフリカやアジアの「原住民」と自分たちを区別するため、あまりにもこの言葉を頻繁に使ったことによる。そして、この概念は、植民地支配から脱した新生国民国家の幾つかの間に、未だにそうした連想を与えている。確かにこれは理解できることであり、反省されなくてはならない。なぜなら、文明という概念は、決してヨーロッパ文化に限られるものではない重要な概念の一つであり、少なくとも幾つかの点において国際法のルールの改善に重要な貢献をしてきているものであるのだから。

それでもなお、公式の宣言を含む「(文明)国の国際慣習」は、国際法の重要な法源の一つとして残ってはいる。しかし、今日国際慣習法は、昔と比べるとその重要性がむしろ減ってきている。その理由は、事実上今やすべての新国際法は、主権国家の明確な同意によって作られるからであり、我々が次に見ていかなくてはならないのは、この正式な手続を通して与えられる同意についてである。

〈約定による法の制定〉

どの国の国内法制度も、約束は守られなくてはならない、という一般原則に基づいた、法的に拘束する約束はいかにして為されるのか、これらの約束はどのような義務を課すのか、いかにして履行されるのか、もし履行されなかったらどうなるのか、契約はいかにして終了するのか、などの問題を規制している契約法を持っている。そして、国際法上も、主権国家間で行われた約束事を規制する、契約の一般法に似たものが存在する。ごく最近までは、この法もまた慣習によるものであった。それゆえ、この法は「文明国により法として認められた一般慣行」に関する最も権威ある法源を形成していた数々の本（フランス語で“la doctrine”（学説）として知られている）を書いた法律学者とか「国際法学者」の教科書中に見出されるだけであった。しかし、契約に関する国際法は、それ自体が国際契約という形式で、つまり、一九六九年に原案が作られ、一九八〇年一月に発効した「条約法に関するウィーン条約」として、今や成文化されている。

さて、主権国家間契約においては、個人間契約では決してできないことを達成できるという一面がある。つまり、主権国家は、自分たちで新たな法を作ることができるのである。二国家間契約は、私人間契約に似て、互いの行為を支配する一連の拘束力のある規則とでもいうべき二契約国に対するある種の特別法―lex specialis―を形成する。それに対し、多国間条約は、締約国のすべてに対し特別法として機能するだろうし、また、こういう締約国が増えれば増えるほど、この特別法の適用される国が増えるだろう。

立法者や立法議会が存在しないがゆえに、法律を全村民の同意があってのみ作ることのできたアダム村に再び戻るのである。しかしここでも、アダム村でのように、締約国のみを拘束する特定の条約による特別法が国際社会により「法として認められた一般慣行」となるや否や、締約国のみ拘束する特別法として出発したものが、皆を拘束する一般法となるであろう。つまり、「立法条約」（law-making treaty）は、時間をかけて新しい一般法を作ることができるのである。

〈採択及び批准〉

支配者といえども、他の者たちと同じく、真空状態の中に生きることはできない。己れの領土内ではいかなる主権者であろうとも、支配者同士互いに共存していかなくてはならない。それゆえ、支配者というものが存在するかぎり、彼らは相互に関係する広範囲の局面にわたり、互いに協定を結ぶのである。戦争に対する防衛または侵攻の同盟、大使・捕虜・囚人の交換、貿易・通行税・関税についての規則などは、すべて何世紀にもわたり支配者間の協定の対象となってきたのであり、国際関係のまさに本質を反映してきている。今日のようにますます相互依存の進む世界においては、このような協定は、非常に広い範囲を網羅している。そして、こういった協定は、憲章、協定、規約、協約などという異なった名前で呼ばれてはいるが、これらすべての総称は、「条約」(treaty)であり、本書では、以後ずっとこの条約という語を使うことにする。

すべての合意と同じように、条約というものは、他の者がそれを守るだろうという自信を持てないならば、いかなる締約国にとっても価値のないものである。それゆえ、初めから、国際法は以下のような私法の基本的原則を採用している。約束は守られなくてはならぬ(*pacta sunt servanda*)。約束は誠実に実行されなくてはならぬ(*bona fide*)。ある国家の国内的取決め――たとえ、憲法であろうと――は、拘束力ある国際的約束を実行しないことの言訳けとすることはできない。

私的な契約の場合におけるように、君主間の条約には、それに先んじてしばしば長期にわたる詳細な交渉が行われよう。しかし、君主は短期間の稀な国家訪問を除いては直接会うなどということはそうなく、それゆえ、交渉は、君主のために誰かが行わなくてはならなかった。通常のやり方は、交渉中の君主の一方が、他方の宮廷に、全権を委任された（pleins pouvoirs）それゆえ全権大使（plenipotentiary）と呼ばれた特別使節を送ることであった。この全権大使はできうるかぎり最高の、それゆえ自国の君主に喜んで推薦できるような取引を結ぶまで、相手国の君主、大臣、秘書官、その他の役人たちなどと交渉した。君主たちの時代には通信機関は未発達であり、交渉の結果を君主に差し出すためには、全権大使は、自国の宮廷に戻らなくてはならなかった。しかし、その時までには、君主の立場は変わっていたかもしれない。その君主は、他の君主と異なった同盟を結んでしまったかもしれないし、国内問題に遭遇しているかもしれなかった。そして、こういったことのため、もはやこの特定の協定を結ぶことを欲しないかもしれなかった。このような理由から、標準的な手続は以下のようなものとなっていた。全権大使が詳細な交渉を行ったとき、両君主間において提案された条約は正副二通作成され、その文書を認証するためにまず大使及びその相手方によって署名もしくは仮署名がなされる。次に、全権大使は自分の分の写しを持って帰国し、これを自分の推薦付きで君主に提出する。君主は、熟考後貴族や顧問に相談し、再度熟考する。そして、もし君主がその協定を受け入れると決めたら、相手国の君主に、自分は自分の送った大使が署名もしくは仮署名したものを「批准した」(ratified)という手紙を送る。もしそのときまでに相手方の君主がこの取引をすることをまだ考えていたら、相手方の君主は同様の批准の手紙を送り返す。そして、双方の支配者が共に各自の代理人が暫定的に同意したものを批准したとき、この協定は拘束するものとなる。そして、そのとき、否まさにそのときにのみ、その条約は有効なものとなるのであった。

そして現代の通信技術の進歩にもかかわらず、この伝統的な手続が未だ固執されている。大使とかそういった全権大使は、手紙のやりとりとかテレックスや電話を通してではあろうが、差しで交渉するだろう。その間、彼らは当然、己れの仕えている政府に相談するだろう。そして、彼らは、最終的に同意した文書に仮署名や署名までもするかもしれない。しかし、ここでもやはり、政府が正式に批准するまでは条約は有効なものとはならない。

二国間条約――つまり、単に二主権国家のみが参加国である条約――は、世界中至るところで作られ続けている。しかし、地球は段々小さくなり、国際取引は増加しているため、今日では多数国間の時にはほとんど国際社会全体を網羅した条約が、ますます作られてきている。特に、人権の分野で新しい国際法が作られるのは、こういった多数国間条約を通じてである。

ここでは、交渉の過程は必然的に異なったものとなる。個々の全権大使が外国の宮廷に送られる代りに、交渉国すべての全権大使が一堂に会して面談するのである。これは、条約法に関するウィーン条約を作成したときのようなある特別の会議においてであるかもしれないし、国連やその専門機関のような政府間機関や、国際電気通信連合のような共通の利益に立脚する機関や、ヨーロッパ審議会、米州機構、アフリカ統一機構のごとき地域機関の常設フォーラムにおいてであるかもしれない。まず第一に、参加国の一つが原案を提出するかもしれないし、事務局が原案を用意するよう指図されるかもしれない。そして、この原案が一条一条審議され、討論される。集まった全権大使は、演説を行ったり、調停を行ったり、修正案を提案したり、互いに支持するためとか他の国やグループに共同して対抗するために、同盟を結んだりしよう。大使たちは、各々の本国に相談し、現在の進行状況を報告し、アドヴァイスを求め、指図を受け取るだろう。そして、こういった全過程には何年もかかろう。

とはいうものの、関与する政府はそのすべてが、ともあれ何らかの同意には到達しようという目的でこのような多数国間交渉を始めることを決心したのである。だから、たとえ皆に等しく好都合とは限らないかもしれないし、また、譲渡と妥協を必要とするかもしれないが、ともあれ何らかの同意をすることへの強力な圧力というものは常に存在する。もしもある論点に関し話合いが行き詰まったら、いろいろな案を後日の会議まで角括弧（［　］）して残しておいて、他の条項の審議へと会議は進行されていこう。時々、会議は休会となり、大使たちはアドヴァイスや指図を求め帰国するだろう。そうこうするうちに政府は変わり、幾つかの関係国においては政策が変更されるかもしれない。しかし、驚くべきことに、こういった話合いが失敗に終わるということは稀で、たとえ長い時間がかかったとしてもしばしば何らかのものが結局のところ達成されるものだ。

最終的に達成されるのは、すべての関係国が、たとえ渋々にせよ原則的には進んで賛同する条約文である。その時が遂にやってきたとき、ここでの儀式的な行事としては、この条約は、会議においてしばしば正式な投票なしに「満場一致で」または「拍手によって」、「採択される」（adopted）。そして、その採択に続き、条約は正式に署名に付せられる。つまり、全権大使や彼らを指図している大臣が、政府のために署名しよう。

ここに至った段階で、無知な部外者は条約に署名した政府は今やこの条約に拘束される、と信じたとしても許されるかもしれない。しかし、既に見てきたようにそうではない。句読点の一つ一つに及ぶまでの交渉にどれほどの時間をかけようとも、また、いかなることに喜んで同意できるかということについて交渉の場で討議する機会がいかにあったとしても、政府は批准するまではこの条約に拘束されないというのが残念ながら現実である。実際に多くの政府が、何らかの理由で結局は批准に失敗し、そしてそれゆえに、決して拘束などされることのない——ずっと後にこれらの条約に定められている特別の規定が、結局は一般慣習法の一部にでもならない限りは——そんな多くの条約に署名してきている。

今日においてでさえ、国家が拘束される国際的義務を結ぶ前に批准を必要とするということには、実際上幾つかの正当な理由がある。この種の交渉は常に議会によってではなく政府によって行われる。それでいて、条約は、効力を有するようになるや否や、住民にあらゆる類の影響を及ぼしうる重要な義務というものを国家に課すかもしれないからである。例えば、新しい国際的義務の遂行はその国の国内法の変更を必然的に伴うかもしれない。それゆえ、交渉中の政府にとって、最終的に正式な新条約の条項に拘束される前に、国民や議会の代議員たちに相談するということは少なくとも賢明なことである。そして、実際に多くの国で、憲法上国内法上の問題として、このことを行なわなければならないこととなっている。有名な例としては、アメリカ合衆国がそうである。ここでは、条約は自動的に国法の一部となる。しかし、そのためには、上院が三分の二の多数決で批准に賛成しなくてはならない。そして、アメリカ合衆国上院は、五〇州全部の法に影響を与え得る同意を与えることに至って慎重であり続けている。その結果、他のところでは人権のチャンピオンであるにもかかわらず、アメリカ合衆国は、未だ世界規模の、また、地域規模の人権条約のどれにも批准していない。

現代の多数国間条約の特徴の一つは、条約によって、批准書や必要とされるかもしれないその他の公式文書の類を寄託する、主要な「寄託者」を指名するということである。これにより、批准した国のすべてがその条約に署名した国すべてに正式な批准書を送るという必要がなくなる。つまり、その代りに、批准国は寄託者に批准書を一通寄託し、寄託者は批准書を受け取ったと他の署名国に通知すればよい。条約の交渉が為された舞台が政府間機関の場合は、通常事務総長が寄託者に指名される。

〈効力の発生〉

例えば、ヨーロッパ審議会のメンバー二一ヵ国全部が、公式にある新しい条約を採択し、そして、一八ヵ国が批准したとしよう。その条約は、最初の一ヵ国が批准したときには未だ効力は発生しない。なぜならば、何かに同意するためには少なくとも二ヵ国が必要であるから。だから、別段の意思が明らかにされていないかぎり、二番目の国が批准したときにこの条約は効力を発生し、その瞬間これら二ヵ国のみを拘束するものとなろう。だが、もしもこれ以上の国が批准しない場合、このことは奇妙な予期せぬ結果をもたらすことになろう。だから、今日このような多数国間条約はほとんどのものが、批准国がある最低限求められている数に達して初めて効力が発生すると定めた条項を含んでいる。ここで例として、一〇ヵ国の批准が最低限求められているとしよう。そうすると、この新条約が効力を発生させるきっかけとなるのは、ヨーロッパ審議会事務総長への一〇番目の批准書の寄託ということとなろう。事務総長が批准書を受け取った時——または、もしもその条約が寄託の一定期間後に効力が発生すると定めている場合は、その期間経過後——その条約は批准書をまさに寄託した国のみならず、既に寄託済みの他の九ヵ国も同じように拘束するものとして、最終的に効力を発する。それ以後、ここでも条約に批准書の寄託後特に付された期間がないかぎり、新しく批准した国は、それぞれその批准書を寄託した時から拘束されるようになる。

〈加入と加盟〉

多くの他のものと同様に、国際社会も成長を続けている。植民地や信託統治地域から独立をかち得た新しい国々が、頻繁にこれに加わってきている。しかし、必然的に、これらの国々は、既に発効している条約の作成過程に参加することはできなかった。いやそれどころか、条約採択にも加われなかったし、条約が初めて署名に付されたときに署名に加わることもできなかった。それに、それまでに既に独立を果たしていた国々の中にも、その時点では署名しないほうを選び、その後政府の交代の後気持ちを変えたものも多分あろう。厳密な法解釈から言うと、「批准」(ratification)とは、何ものかによって既に為された事を追認し法的に有効にすることを意味するから、厳格な意味ではこういった国には、こんな条約に関しては批准することのできるものなど何もない。そこで、このような法的な専門手続を尊重するためには、こういった国がその条約に拘束されることを望むときは、少し異なった専門用語を用いなくてはならない。つまり、条約を批准する代りに、条約に「加入する」(accede)という言い方を用いるのである。こういった国は、加入を批准の場合と全く同じ手続で行う。つまり、適当な寄託者、通常はその条約作成が元来行われた政府間機関の事務総長に、署名したものを寄託するであろう。しかし、批准という用語を用いる代りに、ここでは加入という用語を用いるというわけである。そしてこれが唯一の相違である。加入書が寄託されると、この新国家は、あたかもその条約を批准したかのごとく全く同じように拘束されることになる。

ある国が条約に拘束されるようなるや否や――批准によると、加入によるとを問わず――その条約に「加盟した」と言われ、締約国になったと言われることになる。

〈留　保〉

ある特定の国にとって、ある条約を採択したり、署名したり、否、批准や加入をもしたいにもかかわらず、条約中のどうしても受け入れ難い条項のために二の足を踏むということが時に起こる。このような国がそんな状況下において一般的に行うのは、受け入れ難いと感じる条項を特定し、通常その理由を説明し、その条約に正式な「留保」(reservation)をするということである。その留保が、特定の細部に関する部分についてのみであり条約の核心には至らない場合、他の関係国は通常その留保を甘んじて受け入れる。それは、これらの国は、留保をした国が全然この条約に拘束されないよりも、その条約の大部分に拘束されるほうを好むからである。しかし、留保によって条約への加盟が実際には誤魔化しとなるほどに、その留保が条約のまさに本質にまで至るならば、他の締約国または寄託者は、そのような形による批准または加入は拒否すると言うかもしれない。折衷的な可能性としては、幾つかの国がその留保に対し反対を通知するということが挙げられよう。もしこういう事が起きたら、国際法律家にとって楽しい活躍の場となる幾つかのむしろ技術的な条項が役目を果たすことになる。つまり、大まかに言うと、留保した国と留保に反対した国は、その条約に加盟した他のすべての国に対してはとにもかくにも拘束される(留保した国は、留保していない部分に関してのみではあるが……訳者注)こととなるが、相互の関係においては、その条約（または、その留保に密接に関連している条約部分には）には拘束されるようにはならないという結果となる。

〈廃　棄〉

この変容を続けている世界において、永遠に続くことのできるものなぞはない。では、ある条約に加盟してきた国が、例えば状況の変化に伴ってもはやその条約に拘束されたくないと考えるとき、いかにすればこの条約から再び解放されることが可能になるのであろうか。人権に関する条約には起き得ないような幾つかの特定の場合を除いては、国際法上の簡単な解答は、条約加盟国は他の加盟国すべての同意なくしては——重大な状況下とか、条約それ自体が前もって一方的「廃棄」(denunciation)を定めている場合は別として——脱退できないというものである。契約法におけると同じように、相互の約束は相互の同意においてのみ解消できるというのがルールである。

廃棄は、本書第八章の「非常事態」という項目において扱ういわゆる権利の一時停止（derogation）とは区別する必要がある。

〈他の手段〉

正式な条約以外に、国際社会のメンバーは、宣言とか決議とか勧告というような異なった種類の文書を作成することができる。これらの作成の準備は、しばしば条約の準備と似たパターンに従っている。つまり、ある国または事務局により原案が作られ、審議及び討議がなされ、修正され、最後に採択される。だが、主な相違点は、一般的にこのような文章の採択はいかなる国にも法的拘束力ある義務を生ぜしめない、という点である。これらは一般的な政策または方針の表明以外の何ものでもないのである。しかし、これらの文書はしばしば条約の先駆け的なものといえる。つまり、ある特定の政策に好意的な一般世論を作り出したり、政策を表現するのに適した用語や熟語や条項を見つけ出すという、ある適当な条約を作成するための予備的な仕事として用いられるのである。だが、たとえ正式な条約がこれに続いて作られないとしても、単なる宣言や決議といえども、もしもこれらの条項が後に――国々が、あたかも法として受け入れたかのごとくおおっぴらに継続的に引用する、というようなやり方で――国家により受け入れられた慣行となったと見られるような段階に至るならば、結果的には拘束力ある国際法となり得る。次章で見るように、このことは世界人権宣言の占めているその地位ゆえに、国際人権法においては特に重要である。

こういったテキストはすべて――名称はどうであれ、条約と同じく宣言、決議、勧告も――総称的に「法的文書」(instruments) と呼ばれている。それゆえ、すべての条約は法的に拘束し、他の法的文書中の幾つかは、たとえ条約ではなくとも結果的には拘束するようになる、というのがルールである。

〈解釈と適用〉

もしも両当事者が、争いのもととなっている事件に適用される国内法についての正確な解釈に関して意見の一致を見ないときには、しばしば弁護士に意見を求めるだろう。同じ規律によって訓練されているため、弁護士は依頼者たちほどは意見は食い違うことはない。しかし、もし弁護士の意見が食い違ったら、事件は権限ある裁判所によってのみ権威をもって処理され得る。つまり、もしも一方の当事者が裁判所に裁定を求めるとき、他方の当事者が訴訟手続が始まるのに同意していなかったとしても、または、この訴訟手続において何ら積極的な役割を果たさず裁判所の権限を認めるようなことは何もしていなかったとしても、その裁定は相手方を拘束する。勿論これは、相手方がその訴訟手続についての適当な通知を受け取っていて、本人が望むならばこの事件につき自分の言い分を示す機会を与えられていた、という条件つきではあるが。

ここでも再び、ある点に関してだけではあるが国際法も似てはいる。もしも二ヵ国がある事の解釈に関し意見が合わないときは、学説（*la doctrine*）に貢献している名高い学識者を含む国際法専門家より意見を聞こうとするだろう。しかし、こういった人々の意見でさえも、全く合法的に異なったものであるかもしれない。こうなったときが問題なのである。なぜならば、既に見てきたように、国際法のシステム全体が同意ということに根拠を置くものであり、世界の国々は未だいかなる裁判所――世界中で最も著名な法律家たちの中から選ばれた裁判官よりなる、ハーグの国際司法裁判所であろうとも――による強制的裁判権を受け入れることに同意してはいない。したがって、国際法上のある紛糾している問題についての権威ある裁定は、もしも関係国が共に（または、関係国が二ヵ国以上ならそのすべてが）その紛争を国際裁判所または関係国の選択により他の何らかの法廷に訴え出て、そしてその裁定に拘束されることに同意するとき――フランス人が *la jurisprudence* と呼ぶもの――のみなされ得るのである。

この問題のゆえに、幾つかの条約においては、特定の条文に関しての条約締約国間の紛争を解決するため、特別の手続を定めたり特別の法廷を設置さえしている。しかし、たとえそのような場合においてであっても、条約に基づくその法廷の包括的裁判権に対して、または、特定の事件に関し、明白な同意をすることなくしては、いかなる締約国といえども法廷に引き出されることはあり得ない、ということを確認する特別の取決めが常に存在している。次章で簡単に触れ、第十章でもっと詳しく述べるが、人権条約においては、そのような法廷や手続が幾つか存在している。

第七章　法典の内容

では、ここで近代国際人権法の法典を形成している内容について見ていくことにしよう。国際法の他の分野と同じく、これには二つの法源がある。つまり、慣習と条約である。国際人権法はまさに最近生まれたものだから、法源の大部分は条約中にのみ見出されるのではあるが、しかし少なくとも幾つかの法源は、慣習であると既に言うことができる。

条約は、大雑把に国際条約、地域条約、そして専門条約の三つに分けることができる。まず、国際条約には三つのものがある。国連憲章と、経済的・社会的及び文化的権利に関する国際規約（以下、社会権規約）と市民的及び政治的権利に関する国際規約（以下、自由権規約）の二つである。地域条約としては、以下の四つがある。人権及び基本的自由の保護に関するヨーロッパ条約（以下、ヨーロッパ人権条約）、ヨーロッパ社会憲章、米州人権条約及び人と人民の権利に関するアフリカ憲章（以下、アフリカ人権憲章）である。そして、世界的宣言と地域的宣言が各々一つ、計二つの宣言がある。つまり、世界人権宣言と人の権利及び義務に関する米州宣言（以下、米州人権宣言）である（これら九つの法的文書の重要な条文は、読者が正確な条文を参照できるよう本書の末尾に付録として載せておいた）。そして、人権法と他の国際法の間にどう線を引くかにより多少異なるとはいえ、人権法の分野において現在約二〇またはそれ以上の専門条約がある。これらは本書の末尾の条約一覧表に示してある。

この章では、人権法について後の章でもっと詳しく見ていく前に、異なったものが互いにいかに調和していているかを見るために、人権法全般について包括的に見ていくことにする。

〈慣習法〉

いかなる国際法上の規則が、慣習により拘束するものかどうかを宣言することのできる最も権威ある機関は、ハーグにある国際司法裁判所である。しかし、この裁判所は、判決を求められたり、勧告的意見を求められた他の事件に関連してであろうとも、人権に関しての判断を下す機会はほとんどなかった。このように最終的な権威が欠けているため、慣習国際人権法の中身については、主に学説や国家による慣行（公式宣言を含む）や、ある事件に関連して国際法関係の問題を判断せざるを得ないところとなった国際司法裁判所以外の国際裁判所または国内裁判所が時として行う判決に、求められなくてはならない。

こういった背景にもかかわらず、国際慣習法により既に守られていると何がしかの自信をもって言うことができるものは、次の四つの人権のみにすぎない。つまり、奴隷的隷属からの自由、ジュノサイド（集団虐殺）からの自由、人種的差別からの自由、拷問からの自由、である。

奴隷的隷属からの自由は、既に本書第四章で見てきたように、前世紀にまで遡る。一九二六年に最初の奴隷条約が採択されて以頼、約六〇年間に、世界中どこの国も奴隷制と奴隷売買を公式に非難し、国内法で正式に禁止してきている。実際には、幾つかの国が未だ国内においては奴隷制に寛容であることは知られてはいるが、公に奴隷制を支援する国があるとは全く聞いたことがない。これらの状況下においては、奴隷制及び奴隷売買は、共に奴隷条約に加盟している九十余国だけではなく、世界中のすべての国にとって、今や国際慣習法により禁じられていると言えよう。

ジュノサイドは、一九四八年に採択され一九五一年に発効したジュノサイド条約という、もう一つの専門条約の主な対象行為である。ただ、この条約はしばしば誤解されている。なぜならばこの条約は（多くの人がなお信じているように）、この条約自身でもってジュノサイドを禁ずるものとしては作られていなかったからである。その代りに、この条約の主な目的は、ジュノサイドを「国際法上の犯罪」とすることであった。つまり、この行為に対して、個々の国家の犯罪裁判権をその領土を越えて及ぼすことを可能とすることであり、それにより国家は、たとえこのジュノサイド行為が自国領土内で行われなかったため、または、自国民に対しても又自国民によっても犯されなかったために、通常は自国の裁判所が裁判権を有していないような集団的虐殺行為に加担した個々人であろうとも、裁判にかけ有罪とすることができるようになった。この条約の目的は、このような残虐な行為をした後、個々人が逃れることのできる安全地帯を見つけることを著しく困難にすることにあったのである。ブルガリア、白ロシア、チェコスロヴァキア、フィリピン、ポーランド、ルーマニア、ウクライナ、ソヴィエト連邦の八ヵ国が、この条約の批准に際し合計一八の留保を試み、これらの留保に対し幾つかの国が反対をした。このことは、かなりの混乱を生じさせ、最終的には、国連総会は国際司法裁判所に対し勧告的意見を求めることにした。意見を述べるに際し、裁判所の多数意見は、「この条約の基礎をなす原則は、たとえ条約上の義務がなくとも、文明国によって国を拘束するものとして認められている原則である」と述べた。この声明は明らかに傍論部分であったが、それにもかかわらず、ある国の国民、または、人種的、民族的または宗教的集団を、全部または一部破壊する意図を持って行われた行為（一般的なジュノサイドの定義）は、いかなる条約の義務からも別個に国際慣習法により禁じられていると、多分今日では言うことができよう。

約二〇年後に、*Barcelona Traction* ケースの傍論でまた司法裁判所は、国家が「国際社会全体に対し」負う義務について論じ、これらの義務は単にジュノサイドを違法とするだけでなく、「奴隷的隷属や民族的差別——増えてきている国際慣習法上保護される人権のグループの中に、多分この後者の民族的差別からの自由を加えて——からの保護を含む、人間の基本的権利に関する原則及び規則」もまた含んでいる、と述べている。

拷問に関してはというと、この実に嫌な行為は、一九四八年の世界人権宣言まで、国際舞台において公式に批難されることはなかった。そして、この人権宣言の文言を、以後発効した関連の国際条約及び地域条約のすべてが真似ている。これに関しては、一九八〇年六月のアメリカ合衆国第二巡回区連邦控訴裁判所における *Filartiga v. Pena-Irala* という、興味ある判決がある。これは、一九七六年に一七歳の少年がパラグアイで警察に拷問され殺された事件に関するものである。この少年の父**Filartiga** 氏は、拷問した男、警察長官 Pena-Irala 氏に対し、同国において刑事訴訟手続を起こそうとしたが失敗した。しかし、後に Pena-Irala 氏をアメリカ合衆国で見つけたため、Filartiga 氏とその娘は、この男をアメリカの地で訴えようとした。アメリカ合衆国外国人不法行為法によると、連邦裁判所は、「国際法の違反により」犯された不法行為に関して外国人によって為された訴訟行為について、裁判権を有している。それゆえ本件において裁判所に裁判権を認めさすためには、この父親は、息子を拷問にかけたことにより、パラグアイ国が国際法に違反して行動したことを明らかにしなければばならなかったのである（破線訳者）。そして、法律上の問題点を充分に検討した後、裁判所は「国家の権威の仮面のもとに行われた故意の拷問は、人権に関する国際法としてあまねく受け入れられている規範に違犯するものである」――言い換えると、拷問は今や明確かつ疑いもなく国際慣習法により禁じられている――と判決したのである。

〈国連憲章〉

全体的に広い角度で人権を扱った最初の多数国間条約は、一九四五年六月二六日サンフランシスコで採択された国際連合憲章である。これは勿論画期的な出来事であった。第二次大戦は、そのすべての恐怖と共に終焉を迎えようとしていた。ドイツは既に降伏し、日本もすぐに降伏する予定であった。その時点では、日本の降伏の前に広島と長崎の恐怖が挟まれることを知っていた者は僅かであったが。いずれにしても、勝ち誇った連合国は新しい世界秩序、特に国際法における新秩序を作ることを決心したのであった。その四年前、一九四一年八月一四日の大西洋憲章において、これらの国は「恐怖と欠乏からの自由」を呼びかけていた。一九四二年一月一日には、その当時枢軸国と戦っていた――既に自分たちを連合国（the United Nations）と呼んでいた――二六ヵ国の国は、「生命、自由、独立、宗教の自由を守り自国のみならず、他国における人権と正義を保つには、敵に対する完全なる勝利が重要である」と宣言した。そして、一九四四年ダンバートン・オークスにおいて、特に「人権及び基本的自由の尊重を促進する」連合国の機関の設立が提案された。

それゆえ、世の中は、「自国のみならず他国における」人権ももはや各主権国家の排他的関心事ではなく国際社会全体の正当なる関心事の一つであるという新しい原則を公式に承認する方向へと、既に動いていたのである。そして、政府間機関としての国際連合の構成法規という性格を持つ多数国間条約である一九四五年の国連憲章は、何度か「人権と基本的自由の尊重」を促進させるためにダンバートン・オークスの文言を用いているが、常にこれに「人種、性、言語または宗教による差別なくすべての者のために」というきわめて重要な言葉を付け加えている。

このことは新しい機構の「目的」の一つとして宣言されているだけでなく、憲章五五条では「国連」がこれを行うと謳っている。そして五六条は、「すべての加盟国は、第五五条に掲げる目的を達成するために、この機構と協力して、共同及び個別の行動をとることを誓約する」という重要な語句を付け加えている。これらは、義務の明確な表現であり、それゆえ国連加盟国たる各国は――今や国連の加盟国でない主権国家はほとんどないが――国際法上の義務として、国連憲章のこれら二ヵ条により、人種、性、言語または宗教による差別なく、すべての者の人権及び基本的自由を尊重し遵守するよう拘束されている。

そこまでのところはうまくいっている。これは今日国際社会を構成している主権国家のほとんどが拘束されている明白な法的義務の一つである。しかし、ここには一つだけ欠けたものがある。つまり、ここにいう人権と基本的自由とは何かということを定義するのに失敗したということである。

〈世界人権宣言〉

これが国連の次の課題であった。そして、今日有名な世界人権宣言という形でこれを為し遂げるには、三年余りを要した。この宣言は、国連総会が一九四八年一二月一〇日にパリで開かれた時に採択された。この採択を記念して、以後この日一二月一〇日は人権の日として記憶されている。

採択は全員一致によるものではなく、投票により行われた。当時国連加盟国は五六ヵ国であったが、四八ヵ国がこの宣言に賛成し、反対投票はなかった。ただ八ヵ国が棄権するほうが賢明だと考えた。この八ヵ国とは、白ロシア・チェコスロヴァキア・ポーランド・サウジアラビア・南アフリカ・ウクライナ・ソヴィエト・ユーゴスラビアであった。これ以来、世界人権宣言は、主権国家よりなる国際社会に承認され荘厳に宣言された最初の完全かつ詳細な人権と基本的自由のカタログとして存在している。

この宣言は、三〇条より成っている。その第一条は、「すべての人間は、生まれながらにして自由であり、かつ、理性と良心とを授けられており、互いに同胞の精神をもって行動しなければならない」と謳っている。未だここには、十八世紀の言語の響きがある。とはいえ、神や自然についての記述は存在しない。これら二つへの言及は、最終段階で原案より削除されたのである。俗世の時代が遂にやってきたのだ。

第二条は、「すべて人は、人種・皮膚の色、性、言語、宗教、政治上その他の意見、国民的若しくは社会的出身、財産、門地その他の地位又はこれに類するいかなる事由による差別をも受けることなく、この宣言に掲げるすべての権利と自由とを享有することができる」と続けている。これは、一般適用の条項であり、以後のすべての条項に適用される。ここで特に注目したいのは、差別禁止の根拠のカタログが、国連憲章の四つから一二に増えたことである。

これ以降の二六条は、優先順位をつけてランク付けをしたりせず、また、市民的、政治的、経済的、社会的、文化的というようなカタログに分けることもせず、関係する権利と自由を列挙し規定している。そして、義務と制限について一条、濫用(第八章を見よ)について一条触れて、この宣言は終わっている。

だが、いかに知れ渡り、いかに引用されようとも、この宣言は条約ではない。実際にこの宣言の前文は、この宣言は「すべての人民とすべての国とが達成すべき共通の基準として」のものであると述べ、「社会の各個人及び各機関が、これらの権利と自由との尊重を指導及び教育によって促進することと並びにこれらの普遍的かつ効果的な承認と遵守とを国内的及び国際的な漸進的措置によって確保することに努力するよう」呼びかけている。これより言えることは、その権威はいかに道徳的には偉大であろうとも、宣言それ自体、一九四八年にこれを採択した国々に対し法的に拘束する義務を課す意図はなかったのは明白であるということである。

しかし、これはもはや一世代以上前のことであり、それ以後に幾つかの重大な事が起きている。まず、この宣言は、国連やその専門機関が何らかの公式文書の中に引用してきたのみならず、多くの国もまた引用してきているということである。例えば、一九五八年から一九七二年の間だけを見ても、二五の新憲法がこの宣言について言及している。実際にはいかに振る舞っていようとも、主権国家が公衆の面前でこの宣言を公然と非難するのを聞いたことはない。否それどころか、逆に、各国は常に宣言に賛同し引用してきている。特に他国の人権宣言違反を告発することが自国の利益になるときはそうである。こういった事実を根拠として、人権宣言は、既に国際慣習法の一部となったとは言えないまでも一部となりつつあり、既存の条約上の義務に関係なくすべての国を拘束すると今日では強く主張されているのである。

もう一つの重大な出来事は、国連が召集し一九六八年テヘランで聞かれた「世界人権宣言の採択後二〇年間になされた進歩の見直しと将来への予定を立てるため」の、人権に関する国際会議である。この時点までに、既に国連加盟国はかなり増え八四ヵ国になっていた。この会議ではその終りに、人権宣言は「国際社会の構成員に対し、一つの義務を設置する」という宣言を一つだけ採択した。このことはまた、少なくとも国連の全加盟国に対して人権宣言に拘束力ある国際法の一部としての地位を与えることを支援する働きをしている。

最後に、もう一つ議論がある。国連憲章には、「人権及び基本的自由の普遍的な尊重及び遵守」を達成するために行動することを全加盟国が「誓約」することが含まれている、ということが思い出されよう。これは、いったいいかなる権利であり自由なのであろうか。その答えとして、同じ国連は、人権宣言に詳しく述べられている人権のカタログを採択したのである。この宣言は、前文において特にこの国連憲章の「誓約」について言及し直し、直ちに「これらの権利及び自由に対する共通の理解は、この誓約を完全にするためにもっとも重要である」と続けている。ここで法律家なら誰でも次のようなことを教えてくれよう。ある文書が他の文書について言及しているとき、最初の文書を解釈するためには二番目の文書を参考にすることができる——否、実際はしばしば参考にしなくてはならぬ——と。もしあなたの持っている鉄道切符に、この切符は「本鉄道会社の規則及び附則に従って発行され」ていると記してあるならば、たとえあなたはこういったものを読んだことがなかろうとも、これがあなたを運ぶに際しあなたと鉄道会社の両者を拘束する条件なのである。そこでこのことを根拠として、国連加盟国のすべてが国連憲章によって尊重しかつ遵守すべく拘束されている人権及び基本的自由とは人権宣言中に列挙されている権利と自由そのものであり、それゆえに、それらのみに拘束されると強く主張されている。

こういった憲章と宣言の関連については、実際にも国際司法裁判所によって認知されている。例えば、*Iranian Hostages* のケースにおいて、司法裁判所は、「不法に人の自由を奪い、きびしい状況下において肉体的束縛下に置くということは、世界人権宣言に列挙されている基本的原則と相容れないだけでなく、国連憲章の原則ともそれ自体明確に相容れない」と述べている。

〈国連規約〉

現在はどうであれ、一世代前には国連加盟国は単なる一宣言には満足できなかったので、人権に関し何らかの包括的な条約を作ろうと決心した。しかし不幸なことに、その時までに、枢軸国により代表される悪魔の軍隊に対し共同して収めた勝利の一時的な幸せはアッという間に後退していき、よく起きることだが国連加盟国相互間に不和が生じ始めた。東西間の緊張は増加し、その後冷戦による衝突で最高潮に達した。人権宣言を採択するにはたった三年間を要しただけであったのに、条約としての内容を持つものを採択するにはほとんどもう二〇年、そしてこれらが発効するには更に一〇年もかかった。そのうえ、西側諸国が「市民的・政治的権利」に固執したのに対し、東側諸国は「経済的・社会的・文化的権利」に最重点を置いたため、単一の条約にするという同意に至ることすら不可能であった。それゆえ、人権宣言に記載されていた権利及び自由は、これら二つのグループの各々を別々に扱い、各締約国に異なった類の義務を課す（第八章参照）二つの条約——ここでは規約と呼ばれている——に分けられた。

規約は結局一九六六年に採択されたが、三五ヵ国が批准するまでは発効しないという条件付きであった。そのために、発効にはさらに一〇年かかった。だが、今や批准及び加入の総数は、八〇ヵ国以上にのぼりなおまだ増え続けている。こういった国には、全ソヴィエトブロックと、あらゆる大陸の、あらゆる経済制度の国、経済発展のあらゆる段階の国、あらゆる政治形態の国、また、まことに優れた人権尊重の記録を有する国から、率直なところ目をそむけるような国までが含まれている（但し、アメリカ合衆国は含まれていない）。しかし、このことは、これらの規約を守る義務を自ら課した政府の実際の履行ということに対する、規約の即時的な効果について多くを語っているわけではない。

ここで重要なことは、政府の人権の尊重の実態がその約束したほどではない場合において、このことが単に反省すべきこととか嘆かわしいというだけではなく、これらの国にとって今や争う余地もなく違法である、ということである。つまり、いかなる国であれ批准または加入によってそのような条約に拘束されるようになるや否や、この条約に関連した責任ある人権侵害がいかなるものであれ、それはもはや単に不道徳であるだけでなく、現在政権に就いている政府による国際法上の法的義務の違反となる。

そのうえ、もし人権宣言の条項が遡って国連憲章に組み込まれるという見解を採るなら、以上のことは、もはや規約を支持しようとしまいと、国連加盟国すべてにとっての問題となる。そして、もっと進んで、もしも人権宣言は今や国際慣習法の一部であると言うならば、未だ国連に加盟していない国をすら拘束するものとなる。

〈ヨーロッパの地域的手段〉

ヨーロッパは、直接第二次大戦及びその直前の恐怖と暴虐の期間を経験してきた。実際、ヨーロッパの多くの国は、そのちょっと前までは世界中で最も文明の進んだ国の一つとみなされていた同じヨーロッパの中の一つの国によって侵略されたのである。しかしそうはいっても西ヨーロッパの国々は、何世紀にもわたり一つの共通の歴史と文化及び多くの共通の伝統を享受してきた。それゆえに、国連の共通点を持たない加盟国とは異なり、ヨーロッパ審議会のメンバーが「人権及び基本的自由の保護に関する条約」という形で独自の条約を採択するには人権宣言採択後二年もかからなかったし――フィンランド、ヴァチカン、モナコ、サンマリノを除いた非共産圏ヨーロッパ諸国は全部で二一の主権国家に増えていたが――、まず一〇ヵ国の批准を集めてこの条約が発効するまでにはそれから三年もかからなかった。なお、この条約とその後の議定書は、市民的・政治的権利のみを網羅しているにすぎない。しかし、一九六一年に採択され一九六五年に発効した同目的のヨーロッパ社会憲章は、経済的・社会的・文化的権利を幅広く網羅している。

ヨーロッパ人権条約に関して、採択及び発効に要した時間よりももっと顕著なのは、その解釈と適用及び施行のメカニズム――特に施行の――である。それまでの歴史から言って、ヨーロッパと言わずどこであれ――そして、絶対的支配者のみならず、主権国家における最も民主政体の支配者であれ

――主権者たる者は、好きなように自国の市民を扱うことのできる完全かつ拘束されることのない権利を主張してきたことに警戒心を呼び起こすとき、ヨーロッパ審議会の構成員である主権国家が、かくも短時間に、どの国からも政治的にも行政的にも独立した、人権に関する事件に対し裁判する権能も権限も持った全く独立の機関――ストラスブルグに共に設置されたヨーロッパ人権委員会とヨーロッパ人権裁判所――を喜んで創設したことは、奇跡以外の何ものでもないように思われる。なお更に注目すべきことは、これらの機関への申立て手続が、他の国によって始められるのみならず、個人による請願を受理する委員会の権限を認めるという宣言を為した国に対しては、個人によっても始めることができるということである。そして、委員会の調査後にこれらの事件が付託されるヨーロッパ人権裁判所は、関係国を拘束する判決を下すことのできる明示された権限を有している。これはすべて、人権を正当なる国際的関心事という領域内に入れるためにどうしても必要な代価の一つとして、それまでの国家主権不可侵の原則から実質的に後退することを意味している。後に第十章で見るように、この制度は非常に効果的であり、国際人権法の解釈及び適用に多大な貢献をしてきている。

国連の人権規約とは異なり、「ヨーロッパ人権条約」と「ヨーロッパ社会憲章」は共に批准後五年たったら、六ヵ月の予告期間をもって、締約国にこの条約を「廃棄すること」――つまり、他の締約国に以後この条約に拘束されることはないと通告すること――を許している。実際にこのことはかつて一度生じた。ヨーロッパ人権委員会により、甚だしい人権条約違反のため有罪とされ、その結果ヨーロッパ審議会から除名すると脅かされたとき、ギリシャの「大佐たちの政権」は、一九六九年に審議会から脱退し、そのため自動的に人権条約を廃棄してしまった。もっとも、すぐにこのギリシャの政権は転覆され、一九七四年にギリシャはこの制度に再加入したが。

〈アメリカの地域的手段〉

国連が世界人権宣言を起草していたとき、米州機構（O.A.S.）は、同じようなことを行っていた。そして米州機構は国連を少しばかり負かした。つまり米州機構による「人の権利及び義務に関する米州宣言」は、この宣言が非常によく似ている世界人権宣言よりほんの数ヵ月前に採択されたのである。世界人権宣言と同じように、この宣言も条約として意図されたものではなかった。それにもかかわらず、以来、この宣言は法的地位を確立してきている。もっとも世界人権宣言の辿ってきた道とはきわめて異なってはいるが。

ヨーロッパの場合と同じように、ある程度共通の歴史的及び文化的伝統を共有する米州機構の加盟国は、地域的人権条約という次の段階へ進む決心をしていた。しかし、それにはヨーロッパにおけるよりも遥かに長い時間がかかった。起草は一九五九年まで始まらず、採択には更に一〇年かかり、米州人権条約は一九七八年七月にやっと発効した（一九八四年一月までで、締約国は一七である）。しかし他方、米州機構は既に加盟国の人権に関する国家の行為に対し調査権を持つ米州人権委員会を設置していた。その当時、拘束力ある条約が欠けていたため、米州機構は、その委員会に米州人権宣言の条項を適用する権限を与えた。以後、未だに米州人権条約を批准していない米州諸国に対しは、これはその権限を保持している。そして、新しく作られた米州人権裁判所と同じくこの人権委員会もまた、他の締約国や個人によりなされる申立てを受理し調査する権限を、今では米州人権条約上も有している。それゆえに、委員会は、米州人権条約を批准している米州のある国の人権問題を調査するときには、この条約の条項を適用する。しかし、もしその国が未だ人権条約を批准していない場合は、代りに人権宣言の条項を適用することになろう。ここにもまた、単なる宣言が実際上国際人権法の一部となることのできるもう一つの方法があるのである。そして、委員会及び裁判所は、今も国際人権法の解釈と適用ということに重要な貢献を為している。

ヨーロッパ人権条約と同じように、米州人権条約は市民的及び政治的権利を扱っている。しかしまた、その第二六条では、米州機構憲章が「掲げる経済的、社会的、教育的、科学的及び文化的基準が黙示する諸権利」についてもまた言及している。実際（アメリカ合衆国を除く）米州諸国は、一九四八年にまた労働者及びその家族の社会的権利につきかなり詳細に記述する社会保障に関する米州憲章を採択した。しかし、この憲章は宣言としての地位以上のものを持つには至っていない。

米州人権条約はまた、発効後五年後からは一年間の予告をするだけで廃棄することを許している。しかし、未だこれを利用した締約国はない。

〈アフリカ人権憲章〉

「人及び人民の権利に関するアフリカ憲章」（いわゆるアフリカ人権憲章）は、一九八一年アフリカ統一機構(O.A.U.)により採択された最も新しい地域的人権条約である。この憲章は、アフリカ統一機構の加盟国五〇ヵ国に（または、もしサラウイ・アラブ民主共和国、別名ポリサリオ・フロントを含めば五一ヵ国）中、過半数が批准したとき発効する（一九八六年発効……訳者注）。この憲章は幾つかの点に関し独特なものである。すべてのこの類いの条約と異なり、この憲章は、単一文書中に市民的・政治的・経済的・社会的・文化的権利をすべて網羅し、これらすべての権利について同じ国家義務を課している。また、米州人権条約には似ているが、その他の条約とは異なり、国家に課される義務のカタログと同じく個人に課される義務のカタログも含んでいる。そしてまた、「人民の権利」（本書第一八章参照）と呼ばれているものの一覧表も含んでいる。

ヨーロッパ人権条約及び米州人権条約におけると同じように、この憲章を解釈・適用し、そしてこの場合には、訴えられた国による事前の管轄権を認める旨の宣言が為されていなくとも締約国と個人双方からの訴えを受理することのできる機関――人及び人民の権利に関するアフリカ委員会――が設置されることとなろう。そして、この委員会が唯一の機関となるであろう。別に裁判所のようなものは作られないであろう。

〈専門条約〉

既述の九つの条約憲章等はすべて、単独でにせよ互いに補完し合ってにせよ、人権の全カタログを扱っている。そして、これらは人権に関し国家に様々な義務を課している。しかし、これらは国家がいかにしてその義務を遂行すべきかということについては、何ら詳しい規定をしていない。義務の遂行手段は、異なる権利や自由により明白に異なるべきである。もしも雇い主による労働組合の認知を確実なものとしたいなら、そこで取り得る手段は、警察官が容疑者を拷問しないとか婦人に対する差別の撤廃とかを確実なものにする手段とは、むしろ異なったものとなるであろう。それゆえ、これらの権利の幾つかに関しては――すべての権利ではないが――より詳しい規定を定めた別個の条約が存在しているのである。これらの条約は、ただ一つの権利もしくは関連した一群の権利のみを扱うゆえに、一般条約と区別して「専門」条約と呼ばれている。これらの条約が締約国に課す特定の義務は、通常ずっと詳細なものであり、締約国がある特定の事件においてこれらの条約に従っているか否かについては、それゆえにしばしば議論の余地は少ない。

現在ではこういった専門条約がかなりある。そして、そのうちで約二〇ほどの条約が国際人権法の分野に含まれている。国連の専門機関の幾つか――特に国際労働機関（I.L.O.）――は、こういった専門人権条約を促進することに熱心な役割を果たしてきている。またそのうえ、特に「人道」の分野において――戦争法規に関するジュネーブ条約とその二つの議定書のごとく――、人権の分野に隣接しているか一部重なっている、幾つかの条約も作られている。

〈ヘルシンキ最終決定書〉

国家間の慣例では、公式の戦争終結は、通常、講和条約の締結によってもたらされる。しかし、第二次世界大戦を公式に終わらせるための単一の包括的な条約というものは結ばれなかった。その代りに、デタントが世の風潮であったある時代に、東ヨーロッパと西ヨーロッパ（アルバニアという唯一の例外を除いて）の主権国すべてが、アメリカ合衆国とカナダと共にヨーロッパの安全と協力に関する会議を開き、二年間にわたり会合を持ったのである。その結果は、一九七五年八月一日ヘルシンキにおいて各国政府の長によって麗々しく署名された、「最終決定書」（Final Act）と呼ばれている幅広い問題を扱った長々しい文書であった。全参加国は、自国民に対しこの文書の内容を出版し「これを拡め、できるだけ広く知らしめる」ことに同意した。そして実際に、ほとんどの国が――鉄のカーテンの両側において――これを実行したのである。こういった宣伝によって、この文書は今や非常によく知られ、人権条約の一つとして広く受け取られている。しかし実際は、これは条約ではないのであり、何ら法的な効果は持っていないものである。勿論、政治的な効果はかなりなものではあるが。

ヘルシンキ最終決定書は、一〇の原則を宣言している。その第七原則は、参加国は、「人権及び基本的自由を尊重し、……自国を拘束するこの分野における国際的宣言及び取極に定められている義務を履行する」と宣言している。このほんの数ヵ月後、全東ヨーロッパ諸国及び既に両ヨーロッパ条約（人権条約と社会憲章）の一方または双方の締約国であった西ヨーロッパの幾つかの国によって批准され、国際人権規約は発効した。今日では、このヘルシンキ宣言に加わった三五ヵ国中、ヴァチカン市国、モナコ、サンマリノそしてアメリカ合衆国のたった四ヵ国だけが、いかなる国際的または地域的な人権条約にも拘束されていないだけである。

しかしながら、参加国中のどの国かが、ある国が第七原則に従っていないと糾弾すると、糾弾された国は、「参加国は……他の参加国の国内管轄権に属する国内……事項に対する直接または間接……のいかなる干渉も慎む」とする第六原則でもってやり返すことが多い。勿論この原則は、国連憲章第二条七項に保持されている「この憲章のいかなる規定も、本質上いずれかの国の国内管轄権内にある事項に干渉する権限を与えるものではない」という国家主権に関する偉大なる原則を反映したものである。しかし今日においては、このやり方のごとき弁解は基本的に誤っている。つまり、そもそもが世間の批難というものは「干渉」ではないという事実は別にしても、国家がその法的義務を果たすのに失敗するということは――たとえその義務が、自国民を自国領土内においていかに扱うかということに関連していようとも、今日では――、その失敗がいかなるものであれ他国の（政府間機関としての国連は別としても）正統なる関心事であるべきだ、ということは自明のことである。

多分最も重要なのは、今までのところ議論されることは非常に少ないが、第十原則であろう。それは、「参加国は、自国の法律、規則を決める権利を含め、主権を行使するに際し、国際法上の法的義務に従う」と謳っている。これは、二年間にわたる長い交渉の末に、今日では国際法は、各国が好きなように立法できるという国家の主権をさえも制限することができるという事実を、文章によって参加国のすべてが無条件に受け入れたということである。

第八章　法典の運用

ここで我々は、(以上のような人権保護の)道具がいかに機能するか見るために、これらが採用している——幾つかは非常に複雑な——テクニックを見ていく必要がある。これらの道具すべてが為そうと試みているのは、主権国家の支配下に置かれている個人の権利と自由に関して、各主権国家に義務を負わせることや、これらの権利と自由のすべてについて、幾つかの一般条項を作成することや、適当な正確さでもって関係する各権利及び自由を定義することである。そこで、これがいかに為されているか見ていくことにしよう。

〈国家の義務〉

世界人権宣言も米州人権宣言も共に、いかなる国に対しても特別の義務を課すような条文は含んでいなかったのであり、採択された当初は、法的に拘束するものとしては意図されてなどいなかった。本書第七章で既に見てきたように、これらの宣言は、その後の出来事の結果として義務を(もしあるとすれば)負わせることができるようになっただけである。

それに対して、条約というものは締約国に義務をもたらすということを特に意図するものである。それゆえ、まず初めに、条約が作り出す義務に関して正確な表現を見ていかなくてはなるまい。そうすると、国家の義務には明らかに全く異なった二つのカテゴリーのものがあることに気づくだろう。

その一つは、絶対的かつ即時的（absolute and immediate）と表現することのできる義務であり、もう一つは、相対的かつ漸進的（relative and progressive）と表現することのできる義務である。後者は、社会権規約とヨーロッパ社会憲章にのみ見い出すことのできる義務であり、その他のすべての国際的及び地域的条約による義務は、絶対的かつ即時的なものである。つまりこれは、条約に拘束されるようになった瞬間から各国に完全に義務が発効するということであり、各国の利用可能な手段というものに、いかなる意味においても影響されるものではない。典型的な規定としては、以下のように規定する自由権規約第二条一項を挙げることができる。「この規約の各締約国は、その領域内にあり、かつ、その管轄の下にあるすべての個人に対し、……この規約において認められる権利を尊重し及び確保することを約束する。」

主権国家における国内立法というものはその国の主権者の関心事であって他のいかなる者の関心事でもあり得ない、という今まで一般的に認められてきた国際法上の原則を無効にしてしまうこの第一項の義務を明確なものにするために、同じ条文の第二項は次のように続けている。各締約国は、関係国における法律が、ここで必要とされる条項を未だ作成していない場合には、「この規約において認められる権利を実現するために必要な立法措置その他の措置をとること」を明白に約束する。

それゆえ、いかなる国に対してであれ、何らかの関連の留保がなされていないかぎり、絶対的かつ即時的な義務を課す条約に批准または加入した場合には、今やその条約により保護されている権利が確かに尊重されているか否かを客観的に調べることが可能なのである。このためには、まず、その国の法律及び行政手続がここで考えている権利を充分に保護しているかどうかを見ていき、次に、これらの法律や手続が実際にうまく適用され執行されているか否かを見ていく。その結果、何にしても実際にはそうでないということが証明されたなら、その国は国際法上の義務に違反していることになるのである。

しかし、義務が相対的かつ漸進的な場合には、その立場はむしろ異なっている。これに関しての典型的な規定は、社会権規約第二条一項に見られる。

「この規約の各締約国は、立法措置その他のすべての適当な方法によりこの規約において認められる権利の完全な実現を漸進的に達成するため、自国における利用可能な手段を最大限に用いることにより、個々にまたは国際的な援助及び協力、特に、経済上及び技術上の援助及び協力を通じて、行動をとることを約束する。」

ここでもまた、判断基準は客観的なものである。しかし、この判断基準を適用するに際しては、その国の国内法及びそれらの適用と執行だけでなく、それ以上のものを見ていく必要がある。つまり、その国の利用可能な手段を評価し、そして、最大限にそれらを用いてきているか否か、また、可能な限りの進歩がなされてきているか否かを判断しなくてはならない。

ヨーロッパ社会憲章における義務は両者の混ざったものであるように思われる。その第一部では、社会権規約の表現を真似ている。つまり、締約国は、「国内及び国際的性格を有するすべての適当な手段を用いて追求すべき政策目的として、次の権利及び原則が効果的に実現される状態を達成することを受諾する」。しかし、他方、第二部では、締約国は「次の諸条項に定められた義務により拘束されることを約束する」と規定し、相対性も漸進性も含まない、むしろ絶対的かつ即時的な表現を持つものへと続いている。

しかし、これらの義務がいかに精密な表現形をとるものであろうとも、これらの義務はすべて、この分野における認知された新国際秩序に基づいて、主権国家がその住民に対し行使する力に規制を課すという古い「個人的主権」に対する一つの重要な犠牲というべきものを構成しているのである。

〈非差別〉(Non-discrimination)

人権というものの顕著な特徴は、それが普遍的であるということである。つまり、既に本書第五章で見てきたように、人間であるということだけで人皆に「固有」であり、かつ「不可譲」なのである。論理的には以下のように言わなくてはなるまい。人権に関し個々人を差別することはできない。そして、いかなる個人の持つ特別の性質も、他者よりも多くもまたは少なくも、人権を与えるものではない。

それゆえ、厳密に言うと、ひとたび人権条約が「誰もが」そこに列挙する権利を享受すると述べているなら、いまさら差別を禁ずるなどと明示する必要はないはずである。しかし、現実には過去に起きた最悪の人権侵害のほとんどは、差別に関するものであった。つまり、皮膚の色、宗教、言語、カーストとか階級、性、政治的意見などのごとき特徴あるものを共有するある特別のグループに対する、それを理由として向けられた差別である。それゆえに、人権に関する宣言及び条約のすべてにおいて(ヨーロッパ社会憲章を唯一の例外として)、そこに扱っている権利や自由の享受においては、各個人間にいかなる種類のいかなる根拠による差別もあってはならない、と最も明白な表現によって規定する、ある種特有の非差別条項が含まれているのである。そして、ここには、各規定によって些細な違いは幾つかあるとはいえ、人種、皮膚の色、性、言語、宗教、政治的意見とかその他の意見、民族的または社会的出身、財産、出生、または他の身分といったものを含む、差別を禁じる根拠についての標準的なカタログが付け加えられている。

この条項は、これを持つ各条約にとり大変重要だというだけではなく、国際法典一般にとっても重要なものである。既に本書第五章で見てきたように、これは「人は皆平等である」というような単なる感情的な考えというわけではない。国家義務を課した条項と共に、この条項は、条約の主な内容全体を支配している巨大な力を持った一つの法的規定なのである。このことは、対応している国家義務が相対的かつ漸進的である権利の場合は、特に重要である。例えば、社会権規約第六条により宣言され、本書第十三章により詳しく扱われている「労働の権利」を見てみよう。明らかに、どんな豊かな国であろうとも、住民の一人一人に常に彼が望むような仕事に就くことを保証することなど出来はしない。この権利に対する国家義務が、絶対的かつ即時的なものではなく、単にこの権利の「完全な実現を漸進的に達成するため、……利用可能な手段を最大限に用いることにより……行動をとること」にすぎないのはこの理由による。しかし、例えばある国が、ずっと責任のある面白くかつ収入の良い仕事はある皮膚の色の人だけに与え、重労働で退屈でかつ収入の良くない肉体労働は異なる皮膚の色の人たちに従事させることを確実にする政策を行っていることが判明したとき、この国が規約の締約国ならば、これは明らかに国家の法的義務違反となる。なぜならば、これは皮膚の色により、労働の権利に関して差別しているからである。そして、例えば、ある特定の政党のメンバーであるために就職や昇進が制限されたり、政治的に信頼できるとみなされるがゆえに就職や昇進が優遇されるような国に対しても、全く同じ結論が出てくるであろう。

しかし、一般的非差別条項は、国家義務が相対的かつ漸進的な権利の適用においてのみ重要なだけだというわけではない。例えばストラブルグの機関は、この規定を、締約国の絶対的かつ即時的な義務を課すヨーロッパ人権条約によって保護されている主要な権利の一つ一つにも永年にわたり適用してきている。この規定の適用過程において、これらの機関は、ヨーロッパ人権条約条項の適用及び解釈に強力な武器を造り出してきているのである。

また、当該権利が、条約に規定されているある特別の状況下（以下を参照）における許された制約や制限によって限界を画されている場合にも、非差別条項の適用の余地がある。例えば、ある国が、申立てによると条約に従ってある特定の権利の実行を制限しているというが、実際には、ある特定グループに属する人々をのみ不当に差別するような方法によっている場合、当該国家はその条約義務に違反しているということになろう。しかし、ここでは非差別の原則の適用における限界に近づき始めている。なぜならば、差別が実際上正当であるような状況も幾つか存在するに違いないからである。例えば、暴力犯として有罪となった者たちを刑務所に入れることは、彼らから身体の自由の権利を奪うということである。そして、もしもこれらの囚人の、それゆえに差別されているという主張が首尾よく通って自由を取り戻すことが許されるとしたら、人権法というものは全く非現実的なものとなるであろう。また、読み書きのできない者が学校教師の職に就くことが出来ないとしても、不当な差別だと不平を言うことはできまい。そして、このような正当な差別というものは、人の行動とか才能に及ぶだけでなく、例えば宗教とか人種のように、差別が明白に条約により禁じられているような領域にまでも及ぶであろう。ユダヤ教の社会においてカソリック信者がラビに選ばれるとか、黒人の少女がサン・タン・ローションの効能を宣伝するための写真モデルに選ばれるとか、白人がマーティン・ルーサー・キングの生涯と業績についての映画で主役を演ずるなどということは期待できるはずがないのである。

正当な差別と不当な差別の間のどこに線を引くかという問題は、多くの裁判所の——例えば、国内レベルでは、憲法の反‐差別（anti-discrimination）条項のためにアメリカ合衆国とインドの最高裁判所の、そして国際レベルでは、ストラスブルグの機関の——重大関心事である。大雑把に言えば、これらは皆ほとんど同じ結論に到達している。つまり、引かれた区別は客観的でなくてはならないし、合理的に弁護できる目的を有していなくてはならない。また、とられた手段と実現しようとする目的の間には、適正な合理的均衡が存在していなくてはならない。

これについては、人権法典中にはたった二つだけ明確な例外が存在するだけである。社会権規約第二条三項は、「開発途上」国に経済的権利（社会的または文化的権利ではなく）に関し、「外国人」を「人権及び自国の経済の双方に十分な考慮を払い」差別することを許している。また、ヨーロッパ人権条約第一六条は、締約国に外国人の政治活動を制限することを許している。

差別はまた、「人種差別撤廃条約」（「あらゆる形態の人種差別の撤廃に関する国際条約」）と「女子差別撤廃条約」（「女子に対するあらゆる形態の差別撤廃に関する条約」）という二つの専門条約のテーマでもある。これら各々においては、特別委員会がその実現を監視するため設けられている。

〈緊急事態〉

一般適用のもう一つの条項は、社会権規約とアフリカ人権憲章以外の（但し、どちらの宣言にもないが）すべての人権条約に見られる次のものである。

それは、戦争その他の国の生存を脅かす公共の緊急事態のときには、条約上の幾つかの条項から「免れる」ことを締約国に許すというものである。ここにいう権利の停止（Derogation）とは、条約により設定された範囲内で、当該関係国がそのような場合には一時的に当該条項を遵守することを免ぜられる、ということを単に意味するだけである。しかし、その許される範囲は非常に厳格に規定されている。まず第一に、戦争とか国家の生存を脅かす公共の緊急事態か否は、客観的に立証されるべきことであるとされている。例えば、一九六七年ギリシャで政権を握った「大佐たちの政権」（ギリシャ軍事革命政権……訳者注）は、国家の生存を危うくする公共の緊急事態が存在すると主張し、これをもって、その後のギリシャが締約国であったヨーロッパ人権条約により守られている人権の多くの侵害を弁解した。しかし、ヨーロッパ人権委員会は、充分な調査の後に、実際にはそのような緊急事態は存在していなかったと認定した。つまり、人権保護義務から免れることのできるものとして講じられた措置は、「事態の緊急性が要求する厳密な範囲内」に限られなくてはならないし、そのうえ、このこともまた客観的に立証されなくてはならないのである。そして最後に、保護されるべき権利中の幾つか、特に、生命に対する権利、拷問や他の非道の扱いからの自由、奴隷及び苦役からの自由、刑法の遡及的適用の禁止については、いかなる時であれ「権利の停止」は許されていない。これらの権利は、それゆえ「効力を停止されないもの」ということができる。

社会権規約が権利の停止の規定を含んでいないのは奇妙に思われる。例えば社会権規約と自由権規約は、双方共に労働組合の権利を保護している。そのため明らかに両規約を批准した国は――一方を批准し、他方を批准していない国はほとんどない――、公共の緊急事態において労働組合の権利を停止する手段を導入することはできないこととなるであろう。なぜならば、自由権規約がこれを許すとしても、社会権規約は許さないからである。なお、アフリカ人権憲章――人権条約中、最も近代的なものだが――には、権利の停止についての規定がないということを、興味あることとしてここに記しておく。

〈権利と自由の境界〉

一人の人間の自由の行使というものが他人の自由を侵害するかもしれないということは、ありふれた話である。アメリカ合衆国の司法界における「君の腕を振り回す権利は、まさに他人の鼻が始まる所で終わる」という言い伝えの一つが、これをありありと描いている。それゆえ、各々の権利と自由については、それぞれ明確な境界が設けられなくてはならない。実際にある権利とか自由を定義しようという試みは、必然的にその境界を設定するということを伴う。そして、あるものを同じ世界にある他のものと論理的に区別して定義することは、その差異によってしか不可能である。

権利について境界を定めるためには、幾つかの方法がある。まず社会主義国の憲法でしばしば用いられる方法のごとく権利と同じく義務も記述するというやり方がある。そうすれば、権利の限界は義務によって定められるだろうからである。例えば、「誰もが自由に発言する権利を有する」と言ったり、また、「誰もが国家を中傷しない義務を有する」と言うように。次の方法は、権利の「濫用」という概念を通してのものである。ここでは、まず誰もが有する権利を宣言し、それから、誰であれ他人の権利を奪うようなやり方で己れの権利を濫用してはならない、と宣言する。最後の方法としては、すべての権利につき一般的な境界を引こうとするとか、または、どこで、あるいはなぜに、各権利の行使は止めなければならないのかをできるだけ詳細に定義することである特定の権利に特有の境界を引こうとするやり方である。

国際法典は、これらすべての方法を、各々異なったやり方で用いている。しかるに、世界人権宣言と米州人権宣言は、最後の方法を全く取っていない点で独特である。両者共にどの権利の定義においても、特有の制限とか例外というものは少しも含んでいない。しかし、共に義務についての一項と、一般的制限の一項を有している。例えば、世界人権宣言第二九条は、以下のように規定している。

「(1)　すべての人は、その人格の自由かつ完全な発展がその中にあってのみ可能である社会に対して義務を負う。

(2)　すべて人は、自己の権利及び自由を行使するに当っては、他人の権利及び自由の正当な承認及び尊重を保障すること並びに民主的社会における道徳、公の秩序及び一般の福祉の正当な要求を満たすことをもっぱら目的として法律によって定められた制限にのみ服する。」

人権条約中では、米州人権条約とアフリカ人権憲章のみが、この方法を踏襲している。それに対し人権規約では、義務については前文中に述べられているのみである。社会権規約には、また、世界人権宣言第二九条二項の一般的制限の表現を広く真似た第四条がある。

また、ズボン吊りにベルトをくっつけるようなやり方で、世界人権宣言や他の人権条約すべてには（社会権規約とアフリカ人権憲章以外にも）、権利の濫用を禁ずる一条項があるが、それは次の世界人権宣言第三〇条をモデルとしている。

「この宣言のいかなる規定も、いずれかの国、集団または個人に対して、この宣言に掲げる権利及び自由の破壊を目的とする活動に従事し、またはそのような目的を有する行為を行う権利を認めるものと解釈してはならない。」

ここでこれらの条約は、「もしくは、（この条約に）定める制限の範囲を超えて制限すること」という表現を「自由の破壊」の後に付け加えている。

例えば、拷問や奴隷状態からの自由のような幾つかの権利に対しては、人権条約においてでさえ、以上のやり方がすべてである。しかし、他の権利の多くには、人権条約では、各権利の境界を明確に定義するもっと詳しいやり方が好まれている。このため、人権条約では以下のような三つの独立した、同じように重要な内容よりなる、ある種の公式化された方法が用いられている。

㈠　制限や制約は、「法律によって定められ」なくてはならない。つまり、合法の原則は守られなくてはならない。

㈡　その法律は、「必要なもの」でなくてはならない。つまり、単に有用なとか、合理的なとか、望ましいとかいうだけではだめである。（通常、人権条約では、これに「民主的社会において」という表現を付け加えている。）

㈢　権利によっては各々異なるであろうが、通常は国の安全、公共の安全、公の秩序、公衆の健康、公衆の道徳、または他の者の権利及び自由というようなものを含む、厳格に制限された一連の公共の利益の幾つかを守るためでなくてはならない。

以上のものについては、法律文書の解釈の基本的な原則の一つとの関連で考えていく必要がある。つまり、――いわば昔のローマの格言を解釈するように――そのような法文の文言は、常にその文言に頼ろうとする者の利益に反するよう解釈されるべきであるということである。例えば、もしも国際法典中の条約の一つが、ある権利を宣言すると同時に、締約国は民主的社会において守る必要があるもの、例えば公衆の健康のために、法律でこの権利を制限できると付け加えるとき、当該国にとって、この目的のため権利を制限したと単に主張するだけでは充分ではない。ここにいう法律を提示し、この法律がいかなる民主的社会においても必要であるということを示し、かつ、この法律は実際に公衆の健康を守っているということを証明するための――これらはすべて、何らかの独立した裁判所を満足させるため――立証責任は、当該国にあるのであり、これらの特定の制限に関しては、厳密かつ狭義に解釈するよう常に心がけることが肝要である。さもなくば、制限規定は、その主規定が一方の手で与えたものをもう一方の手で取り去るという、全く誤った印象を与えてしまいかねないからである。しかし、実際はそうではない。そのことは、権限ある国際機関、特に国の安全、公共の秩序、公衆の健康などのような表現について権威ある解釈を行っているストラスブルグのヨーロッパ人権委員会と裁判所の為した多くの決定によって、今や確認されている。

〈人権の分類〉

国際法典全部において、今や四〇から五〇の異なった権利及び自由が取り上げられている。人間というものは、真からの分類者である。ある対象について、それをユニークならしめている性質に単に驚くことだけでは滅多に満足しない。否、むしろ、各々について、ある階級とかカテゴリーに属している他の幾つかのものと共通性を持つ資質というものを見出さずにはおかない。これは、物に対してと同じように、人権を含む人間の創造物についても同じである。法律家も哲学者も政治家も、各人権をそれ自体注目することだけに満足しているようには見えない。彼らは、こういった権利すべてを便宜的に分けるカテゴリーを作り出すことに、慢性的な強迫観念を抱いているようにさえ思われる。

最も一般的に採用されている分け方は、社会権規約やヨーロッパ社会憲章に扱われている「経済的・社会的・文化的」権利と、自由権規定やヨーロッパ人権条約及び米州人権条約に扱われている「市民的・政治的」権利という分け方である。こういった条約だけを扱っている限りにおいては、この分類は充分に便利である。しかし、当該権利間の重要な差異に関してこの分類から何らかの有効な結論を引き出そうとすることは、正当とはいえないだろう。なぜならば、この分類に主に影響を与えたのは国際人権規約の審議中の冷戦による分裂であり、残念ながら、自分たちのことは各々「自由主義者」と「社会主義者」と呼びたがるが、相手のことは「ブルジョワ」と「共産主義者」と呼びたがる――前者の呼び方は、誇りを持って。後者は軽蔑を持って。――世界の二大イデオロギー間の継続した分裂であった。実際、これら両規約間の違いは全く気紛れなものであり、——例えば、労働組合の権利及び家族の保護のように——幾つかの同じ権利が、双方のカテゴリーにより成る条約により保護されているのである。

それでもなお、時々、この分類は、積極的に介入する権利と放って置いてもらう権利との、または、国家にとって考慮するには「金のかかる」権利と「金のかからない」権利との違いを反映していると言われることがある。しかし、もっとじっくり分析してみると、これもまた根拠のないということが判明するだろう。伝統的な「市民的・政治的」権利の中には、事実上国家の介入を正当化し、金や資源をかなり必要とするものも幾つかある。例えば、恣意的な逮捕及び抑留からの個人の自由や、権限ある独立かつ公平な裁判所で公正な裁判を受ける権利を守るためには、国家は、高水準の警察官、検察官、裁判官を、採用し、訓練し、給料を払わなくてはならない。これとは対照的に、労働組合に全国的組織を作らせるために、または、誰もが文化的な生活を送れるように——共に、「経済的・社会的・文化的」権利として分類されているにもかかわらず、——国家は介入することも、また、出資することも求められてはいない。経費に関しもしも違いがあるとすれば、それはむしろ両規約が課している義務の相異なるカテゴリーの中にあるといえる。

他の分類の仕方もまた試みられてきている。例えば、法典中には、権利として肯定的に表されるものもあれば、また、自由として否定的に表されるものもある、とする分類である。これは、法哲学者により引かれた、「権利」と「免除」の違いを反映しているように、ときには思われている。しかし、もっと詳しく分析してみると、両者の人権条約における明白な違いというものは、一般的には言語の持つ偶有性以外の何ものでもないことがわかる。例えば、「すべての者は、拷問されない権利を有する」とも、また、同効果を持つものとして「すべての者は、拷問から自由である」とも表現することができる。そして、実際には、どの人権条約もこのどちらの表現も用いず、単に「何人も拷問を受けない」とだけ表現している。それどころか、ときには、「すべての者は、表現の自由についての権利を有する」というふうに、同じ文章中に権利と自由とを一緒に挿入することさえある。

このような分類を試みるということは知的には刺激的であろうが、同時に、己れ自身の政治的あるいは思想的偏見に基づいてつい人権の重要度に何らかの序列をつけ人権を分類しようとする危険性にも、絶えず気づいていなくてはならない。これは、言うまでもなく、なぜ国際人権規約が一つではなく二つあるのか、という理由の一つであった。つまり、社会主義諸国が経済的・社会的・文化的権利の卓越性を主張（「人権は、朝食の後から始まる」）したのに対し、西側諸国は、市民的・政治的権利の卓越性を主張し続けた（「人権は警察署から始まる」）のである。しかし、両規約は異なった類の義務を課す別個の条約ではあるが、共に対等の地位にあるものであり、一方が他方より公式上もまた実質上も、何らかの優位性を享受するということはない（実際、両規約共にその前文において、一方において扱われている権利は他方の権利と対をなしている、と認めている）。これ以外には、古いのも（世界人権宣言と米州人権宣言）新しいのも（アフリカ人権憲章）、人権のカテゴリー間に――それに対応する国家の義務の性質に関してさえ――いかなる区別もしていない。

そこで、すべての人権を一緒に考えることによってのみ、次のような純理論上の興味ある質問から逃れることができる。「自由であるということは、飢えている者にとっていかなる役に立つのか。」「腹が一杯の奴隷は満足をしてはいないのか。」「強欲な地主によって飢え死にさせられるのと、国家元首を怒らせて打ち殺されるのと、どちらがより悪いか。」それに、各権利が同じ地位にあるということは、人間にとってと同じく、人権にとっても重要である。なぜならば、何らかの重要性に基づいた順序によって人権に序列を付け始めるや否や、濫用されるおそれは大きくなるからである。政府には、どのような動機によってであれ、常に人権を減じたいという衝動がある。それゆえ、ひとたび政府に対し人権に順序を付けることを許したなら、政府にとってより不都合な権利がそれよりは問題を引き起こさない権利の下に置かれるまでには——政府のいうところの「優先」する権利のために、これらの権利が地位のみならず内容も結局は減らされることに気づくまでに——時間はかからないであろう。それゆえ、このような序列化はいかにしても避けなければならないのであり、序列化を引き起こすような分類化はいかなるものであれ避けなくてはならない。ところで、今では、起草のためになされた不毛の議論は遥か昔のことであり、条約はとっくに認知されているのであり、法典は効力を既に生じている。それに、国連総会は、一九五〇年以降ずっと——最も最近では一九七七年一二月一六日の決議三二／一三〇中で——すべての人権は「相互依存かつ不可分」なものであると言っているのだから、こういった学者のための議論は全部脇に置いてしまうほうがずっとましである。その代りに、我々は、各権利ごとに条文を注意深く眺め、以下のようなことを己れ自身に問わなくてはなるまい。「その権利または自由は、正確にはいったい何を意味しているのか。」「それについての国家の義務とはいったい何なのか。」「それは戦争または公共の緊急状態により義務を免れ得るのか。」「その境界はどこにあるのか。」「いかなる制限を、国家は正当に課しうるのか。」

〈救済措置条項〉

このことは、本書第三部で取り上げる。しかし、そこで論ずる前に、考えなくてはならないもっと重要なことがある。世界人権宣言も、自由権規約も、地域条約の三つとも――ヨーロッパ人権条約及び米州人権条約とアフリカ人権憲章であり、社会権規約やヨーロッパ社会憲章は違うが――、権利や自由が侵害された者は誰でも、その侵害が国の役人や機関によりなされた場合であろうとも、「効果的な救済」を受けることを、そして、もしもそのような救済が授与されたなら、国家の権限ある機関がそれを実行することを、保証するよう国家に求めている。このことは勿論非常に重要なことである。なぜなら、このような救済措置なしでは、条約により保証された権利も自由も単に文書上において保護されているにすぎないということになるからである。それゆえに、我々は、今ここに国内及び国際両面における救済措置を見ていかなくてはならない。

実証法学者と呼ばれている者たちは、実現することができないならば、そんな権利について語ることなどは無意味だと言う。これはつまり、彼らは古代ローマの法格言――「救済策の存在するところにのみ、権利は存する」（*ubi remedium ibi jus*）――に従っているのである。実際、この見解は、常に論争の的であった。ローマの別の学派の法律家は、「権利の存するところには、救済策が存しなくてはならない」（*ubi jus ibi remedium*）と主張した。しかし、どちらの見解をとろうと、全然救済策のない権利というものは誰にとっても実用的ではないのであり、そんな権利について議論することは意味が有るとか無いとかということは、単に哲学者の関心のあるところにすぎない。勿論、国際法典が、規定している権利の侵害に対し「効果的な」救済策を住民に与えるよう各国に求める条文をその法典中に含んでいるのは、この理由による。

〈法のヒエラルキー〉

要するに、これは各国の国内レベルにおいて、人権法が充分かつ機能的な制度であるために必要な条件の一つである。当該の権利や自由を尊重かつ遵守すると約束するとき、国家はここでまた、これらが尊重も遵守もされていない場合には、救済策を与えなくてはならないのであり、そうするには、適当な法律とその法律を実施するための制度を有することが、最も効果的な方法である。

いかにして、ある特定の国がこれを実現できるかは、その国の憲法制度及び法制度次第である。今日では、ほとんどどこの国でも、国内法は層をなした階級的制度として整備されている。その一番上には、あらゆる国家機関の権限も権能も権力もが由来する憲法が位置している。これは、その法律制定権が憲法から派生し、また、憲法により制限されている、立法機関をも含んでいる。つまり、立法機関は、憲法が作成を許す法律のみ作ることができるのであり、立法機関がそれを越えて立法しようとするならば、当該法律は違憲であり、それゆえに無効となる。これよりも下のレベルには、何らかの法律により付与された権限に基づいてしばしば行政当局が作ったもっと詳細な規則がある。しかし、ここでも再び、規則制定権はその法律が許容する範囲に限られている。この法律の許す範囲を越えた規則は、規則制定権者の——権限を越えた——越権行為（*ultra vires*）のものであり、それゆえに無効である。ある法が、他の法よりも優位にあるか否かを決めるには、最初の法が二番目の法の内容を束縛することができるか否かを問わなくてはならない。もしも束縛できるならば、それは優位にあるということになる。

そこで、例えば道路交通法が、担当大臣に以下のような、自動車の製造及び利用についての詳細な規則を定める権限を与えたとしよう。車の前部及び後部にはライトを幾つ付けるべきか。ライトは何色であるべきか。道路のどちら側を運転しなくてはならないか。何歳から運転できるとすべきか、など。その場合、もし大臣が、自動車（製造及び利用）規則を鉄道の最高運賃を規定するのに用いようとしたならば、それは道路交通法により与えられている権限を越えているから無効である。

成文憲法を有するすべての国にとって、同じ原則が法律にもあてはまる。つまり、もし憲法が立法機関に、例えば国内における輸送事項を規定する法律（一般的に、憲法という優位法から区別するため、「通常の」法律と呼ばれている）を作る権限を授与しているならば、これこそが立法機関が道路交通法を通すことのできる権限の源である。しかし、もしもこの法律が、例えば、特定の宗教または肌の色をもつ者たちは車の運転は許可されないと規定したり、大臣に運転手の宗教や肌の色についての規則制定権を与えるとした場合、これらが立法機関の権限内のものか否かを見るには、憲法を見なくてはならない。もしも憲法に、例えば「ルリタニア国の法律は、宗教とか肌の色を根拠に差別してはならない」と書いてあるならば、道路交通法上の、または、その法律に基づいた規則上の、そのような条項は違憲であり、それゆえ無効である。もしも、憲法中にはこういったことが何も書いてないとすると、その場合には、ルリタニア国の法律上の問題としては、その差別的な法律や規則は有効となるであろう。

それゆえ、憲法は、国家に対して人権法をつなぎ留めるための最良の場所である。なぜならば、憲法は、民主的に選ばれた立法機関が、住民の人権を侵害するような立法を行うことさえも防ぐからである。こういう立法機関が人権侵害の立法を行うことは、例えば、国政選挙において、候補者の大多数にとり彼らの票など気にもならない評判の悪い少数派グループが存在する場合において、候補者が多数派グループの歓心を買うことに多大なる関心があるという状況の下では特に起き得ることである。民主主義は、個々の暴君に対しては有効な防衛手段ではあろうが、「多数の暴力」に対する生来的保護は提供しないのである。

〈二元論と一元論〉

ここで、ルリタニア国が、人権に関する国際条約を幾つか批准したと仮定して考えてみよう。このことは、ルリタニア国の国内法にいかなる影響を与えるであろうか。答えは法理論学者の間に異なった二つの見解が存しているもう一つの問題、つまり国際法と国内法の関係について、ルリタニア国の法制度がどうなっているかによろう。

一方の学派である二元論者は、国内法と国際法は各々は明確に別個の法であるとする。つまり、各々は別個の法源から生じ、異なる関係を規律の対象とし、本質的に異なるものだとするのである。二元論者は、ある国において、最高法規あるいは支配法規は常に国内法であり、国際法は、憲法あるいは立法機関がそう明言するときにのみ国内法の一部となることができる、と主張する。他方、一元論者は、法制度は一つしかあり得ないのであり、国内法と国際法は、同じものを規律し、共に等しく拘束し、合法に関する単一の概念の単なる異なった表示にすぎないのであり、一つの法制度の異なった面にすぎないという立場を取っている。そして、国際法はこの単一の法制度の最高のレヴェルを代表しているものであり、それゆえ、国内法、否憲法にさえも優越する、と主張している。

二元論的見解が優位な国においては、国際法は自動的には適用されない。これは、例えばイギリスの取る立場であり、イギリスにおいては議会がある国際条約が国内に効力を持つべきものとする法律を通さないかぎり条約は何らの国内的影響力をも有さない。他方、一元論的見解が優位な国――例えば、フランスやアメリカ合衆国におけるように――においては、国が条約に拘束されるようになるや否や、その条約は国法（the law of the land）の一部となる。そして、充分に明確かつ正確な内容を有する条約の条項は、それゆえに「自動執行」(self-executing)――つまり、直接に執行し得る――なものとなる。

理論上及び実践上、この見解の違いがある条約における特定の国の義務の履行にいかなる影響を及ぼすかは、国際法の見地から見るか、国内法の見地から見るかによる。国際法の見地から見ると、その国が二元論と一元論のどちらを採用するか、などということは全く不適切な議論である。なぜならば、拘束力ある義務を負うている以上国家はその義務を実行しなくてはならぬし、また、国内的取決めはいかなるものであれ――たとえ憲法でさえ――国際的義務を果たさない言訳けにはなり得ないということは、国際法上既に確立していることだからである。しかし、国内法の見地から見ると、国家の法制度上一元論と二元論のどちらの見解を採用しているかは、大きな相違となろう。最初の場合では、新しい国際的な義務は直接的に効果を有するだろう。しかし、二番目の場合では、立法機関が条約を国内法に編入するか、変容するかまでは何らの効果も有さないであろう。

〈法の支配〉

それゆえ、国際人権条約の一つに拘束されるようになると、ルリタニア国には以下の二つのうち、どちらかが起こるであろう。つまり、もしもルリタニア国が一元論的法制度を採用しているならば、充分に明確でかつ正確な内容を有する条約の条項は、直ぐに国内において直接に執行されるようになるだろう。しかるに、もしもルリタニア国が二元論的な法制度を採用している場合はどうだろうか。その条約が遵守しかつ尊重するよう求めているすべての人の権利と自由が、充分に既存のルリタニア国内法によって守られていると誠実に言うことができぬ場合には、これらの権利や自由はルリタニア国議会で制定される新しい法律により直接に執行されなくてはなるまい。しかし、手続はどうであれ、すべての住民が、その条約が守ろうとしているいかなる権利と自由への侵害に対してであれ効果的な救済策を有するようになるならば、そして、その時初めて、ルリタニア国は、その新しい国際的義務に従ったと言えよう。そうしなければ、否そうするまでは、ルリタニア国は、約束したことを果たしたとは言えないのである。

今や、いかなる社会においても、最も強力な存在であり、それゆえに人権の最大の潜在的侵害者は、公共機関とか役人などを通して行う国家それ自体である。だからこそ、ルリタニア国がしなくてはならないことは――もし、未だしてないのなら――、たとえ国家に逆らうような住民に対しても救済を与えるような制度を作ることである。これは期待し過ぎかもしれない。しかし、ルリタニア国は、自由意思により、その条約を履行することを選択したのであり、ひとたびそうするや否や、国際法は、ルリタニア国にその条約上の新しい義務を「誠実に」果たすことを求めているのである。それゆえ、ルリタニア国は、当該権利及び自由を保護する法律と、個々人がいかなる侵害に対してであれ救済を得られることを可能にする法律と、――たとえ国家それ自体に対してであれ――法律上も実際上も救済が行われることを保証する制度を、保持しなくてはならないのである。

このことは、国内の人権法の実際に作動している制度によって知ることができる。一例として、拷問の禁止を取り上げてみよう。ひとたびルリタニア国が、拷問禁止ということに拘束されるようになるや否や、この国は拷問を禁止する法律を持っていなくてはならない。これはつまり、警察や軍隊における行政的・懲罰的処分とか刑務所や他の留置所におけるこういった処分においても拷問を加えないことを保証すること。それでもなお拷問されたら、留置されている者が訴えることのできる裁判所があること。そして、こういった裁判所により査定された補償はいかなるものであれ、正式に、かつ速やかに行われること。また、公正かつ公開の裁判により拷問を行った罪で有罪とされる役人は誰であれ、正式に処罰されるということ。以上のようなことを保証する制度を持っていなくてはならないということを意味する。

これはすべて、必然的に、以下のようなしばしば法の支配（the Rule of Law）と呼ばれている概念を持ち込むことになる。つまり、国家が行って良いあるいは良くない事を定める法律が存在しなくてはならないということ、及び、国家の主張するある権限とか、または、そんな権限の行使が、正当なものであるか否かをテストできるような法律がなくてはならないということ、及び、立法機関や行政機関を含む国家の他のすべての機関から独立した、このような法律を解釈・適用する裁判制度というものを求める、いわゆる適法性の原則を内容とする概念である。他の何ものからも司法が全く独立しているということは、法の支配の概念の中心となるものである。そして、法律に関して最も重要なことは、それが公平に維持されていなくてはならないということである。それゆえ、いかなる者も個人的な利害関係を有する事件においては裁判官となってはならないし、また、一方の当事者の友人からの密かな不正な圧力に――それが国家であったり、公的機関であったりする場合は特に――曝されている者も、裁判官となってはならない。また、これと同じように重要なことは、不人気の依頼者のために国家を裁判所に訴えることを恐れない、独立した法律専門家が存在するということである。このことは、非常に良く知られた、トーマス・エルスキィン卿（Sir Thomas Erskine）の一七九二年の以下の言葉に表されている。これは、「人間の権利」（*The Rights of Man*）と呼ばれたパンフレットを発行したために起訴されたトム・ペイン（Tom Paine）の弁護を引き受けたために、エルスキィンに対し行われた下卑たキャンペーンに答えての発言である。

「いかなる弁護士であろうと、日々弁護士活動を行っている法廷において、王と糾弾されている臣民の間に立つとも立たぬとも言うことが許されるその瞬間から、そう、まさにその瞬間から、イングランドの自由は終焉を迎える。」

そして、裁判官や弁護士が国家からの圧力に従っているかぎりは、法による支配が優勢となることなどはできないのである。

〈第三者効力〉

そこで、国家は、国家自体、公的機関とか役人などの行為に対し、効果的な救済策を提供しなくてはならない。しかし、では、国家はまた、住民の権利や自由の侵害に関しては、国家自体の機関ではない私人の行為に対しても効果的な救済をなす義務があるのだろうか。例えば、ルリタニア国において、私がサディスティックなオジによって拷問されたとか、ある労働組合に所属しているため（または、所属していないため）職を失ったとか、プライヴァシーが民間新聞により害された、という場合を考えてみよう。こういった場合、ルリタニア国は何を為すべきであろうか。

これは、議論の余地のある問題である。何とならば、これについては適切な英語の表現がないのだから。しかし、西ドイツでは、憲法上保証されている「基本権」に関して似たような問題が生じる場合に、これを「基本権の第三者効力」と呼んでいる。それゆえ、もっと良い表現を考えつくまで、「第三者効力」（Drittwirkung）という言葉を使うしかなかろう。

大雑把に言って、上記の質問に対する答えは、ある範囲においては若干の第三者効力があるということである。つまり、国家は一般的に、国家自身によるものだけでなく私人による人権侵害に対しても、効果的な救済策を与えなくてはならない。ルリタニア国の法律は、国家の機関による拷問だけでなく、私人によるものも禁止しなくてはならないのであり、またオジに対し賠償金を求めて裁判所に訴えるという形による救済策を私に与え、もしも判決が私に有利なものであれば、その判決を執行しなくてはならない。同じように、国家によるのみならず、いかなる雇用者によってであれ、単にある労働組合に所属しているという理由だけでは馘にされることはない、という法律がなくてはならない。その理由は、そうでなかったら、条約により保証されている労働組合に所属する自由というものが侵害されるからである。ただ、ある特定の組合に加わらない自由、ということになると、話はもっと難しくなるが（破線訳者）。*Young, James and Webster v. United Kingdom* のケースにおいて、ヨーロッパ人権裁判所は以下のような内容の判決を下した。もしも、ある国の法律では、雇用者が、私をずっと以前から雇っていたにもかかわらず後に特定の組合と以後その組合のメンバーのみを雇うという合意に達したからという理由だけで、私を馘にし、その結果として、もしも私がその組合に加入しないと今後私の特殊技能を発揮できるような仕事を同じ産業中には見つけることができなくなるならば、その国は、結社の自由の認める権利を尊重するという義務を充たしていないことになる。そこで、もしもこのようなことが起きたとして、国内法上、私は、その雇用者や組合に対して何らの「効果的な救済策」を有していないとすると、その国は条約上の義務を果たすことに失敗したのであり、それゆえ私に賠償をしなくてはならないことになる。

同時に、「第三者効力」には限界がある。例えば、生命に対する権利というものが存在する。しかし、この権利は、国家には住民一人一人に常設のボディーガードをつける義務があるなどということを意味してはいない。国家が行うべきことは、国家自身が人々を殺さないということであり、殺人に対し効果的な法律を制定することであり、生命に対する危険中避けることのできるもの——例えば、幼児の死亡とか薬の安全性ということに関心を持つことにより——から人々を合理的に守るために、行うことのできることは何でも行うということである。

これらは、それゆえに、国内法制度の下における国家の義務なのである。しかし、そこには、これらの遂行をいかにして監視するかという問題が出てくる。行うことが義務づけられていることはすべてやったと主張する国の中には、実際には手段を尽くしてはいないものもあるだろう。また、心底求められていることはすべてやったと信じている国にも、実は気づいていないギャップや抜け穴が存在するかもしれない。こういった理由から、いかなる国に対してであれ、どんな事例についてであろうと、国際法上の義務を果たしたかどうかを決定することのできる権限を持つ国際レベルの監視制度というものが存在していなくてはならない。そこで、こういうものについて次章においては考えなくてはなるまい。

第十章　国際的救済手続

人権の分野においては、残念ながら国際法上の義務を果たすということに関して言えば、国によって「誠実さ」というものが大きく異なっている。幾つかの国は、全くすばらしく誠実である。これらは、条約が拘束を始めるや否や充分に応じられるよう、必要な法律の制定をすべて終えるまで、また、他の必要な国内における調整すべてを終了するまでは、その条約の批准さえもしない。これと丁度正反対の極端な場合としては、表面上はどの条約も支持してはいるが、法的に拘束する約束事を果たすためには何もしない、という国も存在する。

〈動機と制裁〉

国際法の他の分野においても、こういうことは起こり得ることである。しかしこれほど頻繁に起こるものは他にはない。その理由としては、他の国際条約のほとんどが、関係締約国すべてが利益を得る何らかの取引を含んだ、むしろ商売上の契約のごときものだということにある。商売上の契約の場合においては、誰もが義務を果たすことによって満足を得る。なぜならば、一方が義務を実行しないなら他方もその義務を果たさないのであり、それゆえに、最初に義務を果たさなかった者は損害を受けるだろうからである。つまり、もしあなたが約束の価格を支払わないなら、私は単に品物を配達しないだけである。そして、品物を入手したいということこそがあなたが金を支払った主な動機――私の主な制裁――なのである（もしも、あなたに支払いを強制することのできる裁判所というものが存在するならば、もう一つの制裁となるであろう）。

人権条約の場合には、このような「商売上の」動機も制裁も存在しない。もしもルリタニア国とエクアンバ国がそのような人権条約の一つに加盟したとして、一方が条約上の義務を果たすことに失敗しても、他方は何ら直接的な損失を被りそうにはないし、また、どちらも通常他方の義務の達成により何らの利益も得ない。いや悪くすると、これらの国の政府は共に、もしも義務を果たすと何らかの損失――どんなものにしろ、自国民に対する己れたちの権力に――を被ると感じるかもしれない。こういった人権条約に加盟するのは政府であるが、条約の受益者はこれらの政府ではなく、自身はその条約の締約者ではない国民たちだということがまさに問題なのである。それはあたかも、お互いの子供たちが結婚しようとしている二組の親が、子供たちの住む家を買うということに同意していたにもかかわらずその後になって気が変わり、他のもののためにお金を使うことに決めたようなものである。親たちは、取決めを破ったところで何も失いはしない。そして、子供たちはこの約束事の当事者ではなかったのだから、何らの救済も得られないかもしれないのである。

ではなぜ、一体全体政府はそんな条約に加入したりするのだろうか。これには幾つかの理由が考えられる。まず、領土内の人権保護の状態を改良することに心底関心を持っている政府もあるだろう。特に、民主的に選ばれた政府にとって、有権者がそれを望んでいる場合には。また、他国の人権保護状態を改良することに関心を持っている政府もある。これは、ひょっとすると、自国の有権者たちの間にこういったことに対し強い関心が存在するからかもしれない。それとも、こうすることが他国との関係を改善することになるのではと思っているがゆえにかもしれない。また、人権の尊重は、平和な世界に寄与すると信じ続けている政府もあろう。しかし、多くの政府にとっては、うわべを繕うためにということがその主な動機である。つまり、国内世論及び国際世論に対するイメージを改善したいと願っているがゆえにである。このことは最も大きな動機というわけではないかもしれないが、今や段々と強力なものとなってきている。世界は縮まっていき、国々はどんどん相互依存するようになり、通信は発達し、メディアの力がかつてない程巨大なものとなってきたため、国際世論の力はますます認めざるを得ないものとなってきている。ヴェトナムへのアメリカ合衆国の介入の終結が示すように、たとえ超大国といえども全く国際世論を無視することはもはやできないのである。ソ連によるアフガニスタンへの侵入は、反対の例を与えはしたが。しかし、それ程強くない国にとっては、国際世論は、ますます国内政治に影響を与え制限を与える重要な要因となってきている。今や、自国の住民の処遇について、国際的な除け者になるという危険性を招くことなく、思うがままに為すことができると信じる国など、ほとんどありはしない。

しかしながら、この危険性は多分そうあってほしいと思っている程は未だ高いものではない。自国内ではいかに振る舞っていようと、国家は互いに共存していかなくてはならないからである。もしも自分の住んでいる村に肉屋が一軒しかないとしたら、この肉屋が彼の妻を殴るからと言っても、肉を他所で買うために何マイルも遠くに出かけることを決心するまでには至らないだろう。もしも、宿敵に対する自分の重要な味方が子供を苛めるような者であったとしても、もっと人情味ある味方を見つけることが出来るまでは、そんな可愛らしくもない性格をも大目に見るほうが賢明だと考えるかもしれない。否それどころか、そういう決心を合理化するために、他人の家庭内の事は私の関知するところではないと断言さえしたいという誘惑に駈られるかもしれない。

それゆえに、残念ながら政府というものが——特別の外交上の利害が絡んでもいないかぎり——そうそうは他国の人権問題に先頭切って関心を持つようには見えないことも、理解できるであろう。たとえ互いに正面切って相手国を弾劾することが習慣化しているような政治状況の下にあってさえも、これらの国が互いに相手の国における人権保護の記録に関しては驚くべき沈黙を守っているようにしばしば見えるかもしれない。しかし、それもある重要な必需品の取引関係にあるとか、世界戦略上の同盟関係にあるということによって、相互が非常に依存した関係にあるということに気づくまでである。これは理解し易いことではあろう。もしもあなたが外務省の役人だとすると、あなたの唯一の関心事は自国の外部関係における権益を守りこれを増進させることであろうし、その時点において何としてもある政府と貿易とか戦略的関係を維持することが重要な場合、その政府の国内における人権の記録を批判することにより自国の権益を危険に陥らせることをあなたの職業は求めてはいないと感じるだろうから。

こういった理由により、各政府が、国際的人権義務というものを愚弄するすべての政府を国際的に除け者とすることを、あてにすることはできないのである。しかし、除け者にするかどうかと、法破りとは、また別のことである。もしも国際的な人権義務というものが国際法上の問題だとしたら、そして、法的義務の遂行に関し判断できる独立した国際法廷というものが存在するならば、以下の二つの理由から、事態は非常に異なったものとなってこよう。第一に、こういったやり方によれば、損害を受けた個人が当然得られるはずにもかかわらず自国内では得ることのできない救済を、与えられるかもしれない。第二に、ここで危険にさらされているのは、単なる条約違反による政府の国際的なイメージだけではなくその正当性もなのである。長い目で見て、いかなる政府といえどもあえて取ろうとしないのはまさにこの危険性である。なぜならば、ひとたび正当性ある政府であることを止めるや否や、国外の敵であれ国内の敵対者であれ誰であれ、その政府に没落をもたらすことが正当化されるようになるからである。結局、アウトローは法の枠を超えているのであり、その社会の他のいかなるメンバーからの支持や保護も求める権利を持っていない。そして、国際社会からの追放が強力な制裁手段の一つであり得るということは、ギリシャの大佐たちの政権が一九七四年に瓦解したことによく示されている。この事例では、その時点までに既に、彼らの正当性の全根拠というものは、ヨーロッパ人権条約上の義務に違反した大量の人権侵害の事実が認定されたことで一九六九年十二月にヨーロッパ審議会から事実上除名されたことにより、ひどくダメージを受けていた。このことは、ギリシャ国内の敵対者の仕事をずっとたやすくし、正当性の振り子を決定的なまでに彼らの側に振った。また、少なくとも人権の分野における悲惨な記録が根拠の一部となっての国際舞台における正当性の喪失は、近年、中央アフリカのボカサ（Bokassa）皇帝、イランのシャー（Shah）、ウガンダのアミン（Amin）将軍、ニカラグアのソモザ（Somoza）大統領、赤道ギニアのマシアス（Macias）大統領、アルゼンチンの軍事評議会などのような、幾つかの似たような政権の瓦解に貢献してきている。

しかし、国際社会のあるメンバーが法破りか否かを決めるには、その法的義務の遂行に関し独立した評価をなすための何らかの手続というものが存在しなくてはならない。すべての国際人権条約が、締約国を拘束する判決を下す権限を有する幾つかの全く独立した国際法廷を含んだ、いろいろな種類の国際的組織による監視や解釈や適用――二つの場合においては施行さえも――に関する幾つかの条項を含んでいるのは、これゆえである。そして、これらの組織こそが、我々がここに吟味しなければならないものである。

〈国連のシステム〉

国連の機関の中でのこういったものの一つが、経済社会理事会(ECOSOC)である。これは、国連総会で選ばれた国連加盟国五四ヵ国より構成されている。人権に関する事は、この理事会の任務に含まれている。しかし、この理事会はすべて政府代表によって構成されているので、期待しているほどは人権のために活動してきてはいない。この理事会は、人権委員会（Commission on Human Rights）と差別防止・少数者保護小委員会を設置している。この委員会（Commission）のメンバーは、政府代表であり、それゆえ、これもまた思ったほど業績をあげていない。この委員会の国際人権法に対する主要な貢献は、新しい条約――両国際人権規約を含む――の作成の最初の舞台としてのものである。これらの条約は、ここの次に経済社会理事会を経由して総会の委員会に送られ、最終的には最後の承認と採択のために総会自身に送られる。

三つの連結した経済社会理事会の決議――一九五九年採択のNo. 728F、一九六七年採択のNo. 1235、一九七〇年採択のNo. 1503――に基づいて、委員会（Commission）はまた、この偉大な国連が自分たちのために何かしてくれるかもしれないという好意的な希望を抱いた犠牲者たちが毎年国連に送ってくる、何千という人権侵害についての訴え(通報)を審議する権限が与えられている。設立後まる二〇年間、委員会は、こういった訴えに関しては何らの行動を起こす権限もないという見解をとっていたのだが、最近になってこの方針を変えた。委員会は今や、「ある特別の事態の下において、人権及び基本的自由の重大でかつ信頼できる証拠を有する一貫した形態の侵害」を示していると思われる場合のみではあるが、これらの訴えを審議することができる。この場合には、委員会（Commission）は、――当該政府へではなく、委員会の親機関で政府間機関である経済社会理事会への――「報告及び勧告」へと続く「徹底的な検討」もしくは「調査」をも行うことを決定することができる。こういった検討、調査、報告、勧告は、徹底的に秘密裡になされなくてはならない。もっとも実際には、かなり多くのそのような「特別の事態」（particular situations）が永年にわたり委員会の注意を引いてきたとはいえ、現在までのところでは、赤道ギニアとマラウイについてのみ公に何らかの処置がとられたにすぎない。

小委員会（差別防止・少数者保護小委員会）は、むしろこれとは異なる組織である。そのメンバーは、専門家として「個人の資格」で委員となるのであって、政府の正式の代表ではない。そのために、小委員会にはずっと制約が少ない。しかし、結局のところこの小委員会にできることといったら、その検討の結果を委員会（Commission）に報告することだけであり、しばしばこの報告がこの小委員会のことを聞く最後となる。

しかし、上記の場合において、これら二つの組織は、強大な力を有する友を持たない幾つかの特定の国に対するだけでなく、奴隷制とか、入獄中もしくは拘留中の人の人権、即決または恣意的処罰、

「行方不明」（disappearances）、そして、原住民問題、というような一般的問題に対しても——作業部会や特別報告者を通じてではあるが——、一般的な目を保ち続けることができる。こういったやり方の中にも何らかの価値があるというのは、疑いもないことである。

経済社会理事会は、人権の分野において、もう一つの機能を有している。それは、社会権規約に対する監督機関としてのものである。社会権規約第一六条によると、締約国は、この規約において「認められる権利の実現のためにとった措置及びこれらの権利の実現についてもたらされた進歩」について、定期的に報告を提出しなくてはならない。そして、経済社会理事会は、これらの報告を検討のために委員会（Commission）に送付することができるし、総会に対しこれらの報告につき「一般的な性格を有する勧告」をすることができる。現在までのところ、経済社会理事会は、社会権規約が一九七六年一月に発効して以来多くの「締約国の報告」（country reports）が提出されているにもかかわらず、報告を委員会へ送付することも総会へ勧告することもしたことはない。これに付け加えて、社会権規約第一八条によると、国連の専門機関もまた、これらを論評することができるようになっている。こういった専門機関の一つが、国際労働機関（I.L.O.）である。I.L.O.はこういった事柄について専門的な意見を多く持っていて、その条約・勧告適用専門家委員会——全くの独立機関——は、規約の条項について幾つかのまことに有用な解釈を経済社会理事会に提供してきている。

自由権規約においては、立場は非常に異なっている。ここにおいては、監督機関は人権委員会（Committee）——人権委員会（Commission）とは異なり、できれば法律に関する経験を有する「高潔な人格を有し、かつ、人権の分野において能力を認められた者」であることが規約により求められている独立した専門家による機関——である。この機関もまた、自由権規約によって「認められる権利の実現のためにとった措置」（遭遇したいかなる困難をも含む）について締約国より提出された報告を検討し、「一般的な性格を有する意見」（general comments）を行うことができる。しかし、経済社会理事会とは違い、この委員会（Committee）は、報告が検討されている場に、その報告を提出したすべての国を出席するよう招いている。当該締約国の代表は、そこで、幾人かの事情をよく知らされている委員による徹底的な公開での審査に曝されるのである。この場合において、簡単に審査を通り抜けられる国は非常に稀である。そのうえ、この委員会は、「一般的な性格を有する意見」を表明するのに躊躇をしたりはしない。

委員会（Committee）は、もう一つの、もっと重要でさえある機能を有している。つまり、この規約によると、締約国は前もって適当な宣言を為していれば、互いに、相手のこの規約の条項違反を訴えることができる。また、この規約には、選択議定書が存在する。この議定書を批准（または、加入）した国は、この規約により保護されている人の権利や自由の侵害に関し、個人からの訴え——誰も傷つけまいと、用語上「通報」（Communications）と呼ばれている——を調査する委員会の管轄権を受認することになる。この手続には、たった三つの前提条件があるだけである。第一ものは、訴えは侵害の犠牲者自身からかまたはその者のために為されなくてはならない、というものである。第二のものは、訴える国において可能な国内的救済手段のすべてを尽くさなくてはならない、というものである。第三ものは、同事件が他の国際機関に係争中であってはならない、というものである。今や三〇ヵ国以上の国がこの議定書を批准している。その結果、委員会（Committee）は、多くの訴えについての事例を貯わえている。委員会によるこれらの訴えに対する決定は出版され、今や人権に関する国際的「法体系」――国際人権法典の権威ある解釈――に重要な貢献を為している。そして、既に少なくとも三ヵ国は、委員会による不利な決定の結果として、自国の法律や慣行を変えることにした。つまり、カナダは、ある種族のインディアン女性が、インディアンでない夫との結婚を解消した後居留地に戻ることを許した（*Lovelace* ケースにより）。フィンランドは、学校での宗教教育に関して（*Hartikainen* ケース）。そして、モーリシャスは、外国人妻に与えたと同じ権利を外国人の夫に与えた（*Aumeeruddy-Cziffra* ケース）。

この他にも二つの独立の委員会が、人種差別に関する条約（人種差別撤廃条約）と女子に対する差別に関する条約（女子差別撤廃条約）の二つの専門条約の監視のために、最近設立された。

これらの機関はすべて、ジュネーブにある国連事務局の人権センター（以前の「部局」）により統轄されている。

〈ヨーロッパの制度〉

これは、国際的制度中、最古で、かつ、ずば抜けて効果的な制度である。しかし、ここでさえ、監視はそれほどではないのである。ヨーロッパ人権条約第五七条によると、ヨーロッパ審議会事務総長は、「自国の国内法が本条約の諸規定の効果的な実施を確保する方法」について、いずれの締約国からも「締約国の報告」を求めることができるが、稀にそうしているだけである。そのうえ、その後どうするかについての規定は存在しないのである。

対照的に、訴えの手続（ここでは、上品に「請願」(petition) と呼ばれている）は、非常に効果的なものである。ヨーロッパ人権条約は、それぞれ異なる締約国——現在全部で二一ヵ国——の国民より成る委員会と裁判所を設立している（但し、裁判所においては締約国国民以外の者も判事に選ばれ得る。リヒテンシュタインの推薦により、一九八〇年カナダ人 (Macdonald) が選ばれた例がある。——訳者注）。委員及び裁判官はすべて個人の資格でなるのであり、政府を代表してではない。委員は六年の任期であり、裁判官は九年の任期である（共に再任可）。訴えは、まず委員会になされる。これらの訴えは、締約国または個人のどちらからも為すことができるが、個人からの訴えの場合は、訴えられた締約国が、かかる訴えを受理する委員会の権限を認める旨の、一般的宣言を為している場合に限る（今やほとんどの締約国が、この宣言をしている）。訴えが受理されるためには、個人による訴えは犠牲者自身からのものでなくてはならない。また、利用可能なすべての国内における救済措置を尽くした後六ヵ月以内に為されなくてはならず、そのうえ、他のどこかで係争中であってはいけない。また、それは「明白に根拠不充分」なものであってもならない。そして、これに関しする委員会の決定は、訴えの受理についての主な法源を提供している。その訴えを受理すると決定したら委員会は調査を行う。そして、できるかぎりの事実を確かめた後に、「友好的解決」を行うよう努める。そして、解決に到達しない場合には、報告書を書き上げる。これら友好的解決や報告書もまた人権保護法体系の法源の一つである。その後当該締約国または自国民が犠牲者である締約国もしくは委員会自身が、充分な審議を行い最終の決定を与えるヨーロッパ人権裁判所にその事件を付託することができる。この決定は拘束力を有するものであり、当該締約国はそれに従わなくてはならない。

これらの委員会及び裁判所両機関は、設立以来多くの事件を扱ってきている。しかし、国が国を訴えたというケースは数少ない。例えば、軍事政権下のギリシャを訴えたデンマーク、ノルウェー、スウェーデン、オランダの例とか、一九七一年に北アイルランドで用いられた尋問の仕方に関し、イギリスを訴えたアイルランドの例はあるが、今や一〇〇〇〇を超える圧倒的多数の付託は、個人によるものである。委員会は、多くの報告書や一〇〇〇以上の受理の決定を公表しているし、裁判所は五〇以上の詳細な理由を付した判決を下している。この結果として、多くの個人が苦情に対し救済手段や賠償を見出してきているし、締約国の多くは、権限ある国際機関が解釈し適用するこの条約に合うように国内法や行政行為を変えなくてはならなかったのである。特に、人権裁判所の判決は、この条約の様々な規定の解釈及び適用にとって非常に重要なものである。そして、こういった規定はまた、他の一般的人権条約の規定に大変に似ているがゆえに、そういった条約の解釈に際しても非常に重要なものである。

この制度も、勿論まだ完全なものには程遠い。ヨーロッパ人権条約とその議定書は、自由権規約よりもむしろ数の少ない権利を保護しているにすぎぬし、ここでは幾つかの権利が、規約よりももっと制限を受けてさえいる。その手続は、他のほとんどの訴訟の場合がそうであるほどではないとはいえ、やはり長い時間と金がかかる。もっとも、場合によっては法律扶助が利用できるようになってはいるが。ストラスブルグの機構（委員会と裁判所）は、次のことを明確にしてきている。両者共に国内裁判所の控訴裁判所ではないということ、及び共に締約国が条約上の義務に違反したときのみ介入できるのであり、それゆえ管轄は監督的なものにすぎない、ということの二点である。初期においては、これら機関もまた理解しがたいほどの用心深さを見せていた。それは、これらの機関が、新しいもので、多くの点で革命的であったため、これらを廃止することのできる力を有している政府から尊敬と信頼を勝ち得ていくことが必要だったためである。そのため、むしろ臆病とも見えるような理論――例えば、「政府の自由裁量」の理論とか「内在的制限」の理論といった、共に条約自体の明示された表現を越えているもの――を発達させた。しかし、これらの経験と名声が増えていくにつれ、その一連の決定も力を得ていき、欠点はあるが、この制度は、今日の国際舞台においては今までのところずば抜けて効果的な制度となっている。

ヨーロッパ社会憲章もまた、専門家委員会という形式の独立した一機関が、定期的に「締約国の報告」を審査し意見を公表することを認めた規定を有している。そして、これもまた、幾つかの関係締約国の国内法に重要な影響をもたらしてきている。

〈米州の制度〉

これは、ヨーロッパの制度に似ているが、次の二点において異なっている。米州人権条約の下にも、非常に似た方法で選出され機能する委員会と裁判所が存在する。しかし、ここでは、権限を承認する宣言というものは、ヨーロッパ人権条約とは全く逆に、委員会が個人からではなく他の締約国よりの訴え(通報)を受理する場合にのみ必要とされている。ここでもまた増えつづけている委員会による法判断というものが存在している。しかし、裁判所は、未だ付託された事件を審議し始めたというところにすぎない。

しかし、米州人権委員会はまた、米州人権条約に未だ加盟していない米州機構の構成国の人権状況に関し、米州機構の「主機関」として別の裁判権を有している。この目的のためには勿論、米州人権条約は適用条約とはなれない。その代りに、委員会の規程により「人の権利及び義務に関する米州宣言」を適用するよう定められている（規定第二〇条……訳者注）。そこで、この宣言は条約ではないし、また、拘束力を有するものとは意図されていなかったにもかかわらず、間接的に法的効果が与えられている。こういった管轄権の及ぶところでは、委員会は、米州諸国における人権に関し個々の事例及び一般状況の審査と特別調査を行い、それらについての報告を公表することができる。こういった報告もまた、法体系の実り豊かな法源の一つである。

〈アフリカの制度〉

アフリカ人権憲章は、アフリカ統一機構（O.A.U.）の構成国の過半数──現在では、二六ヵ国だが──が批准したとき発効する。そして、この憲章が発効すると、アフリカ大陸もまた委員会という形式の、憲章の規程を解釈・適用する国際的機関を有することとなる。この委員会は、全員が個人の資格で六年間の任期となる一一名の委員より構成される。これらの委員は、「高い徳性、誠実、公平並びに人及び人民の権利の分野における能力で知られた人望の高いアフリカ人」で、できればまた法律経験を有する者でなくてはならない。

ここでもまた、締約国も個人も訴え（通報）を為すことができるが、両方共に、前もって権限を認める旨の宣言は不要であるし、また、当該違反の犠牲者からである必要もない。これらの訴えは、ヨーロッパ人権条約や米州条約のように六ヵ月という固定した期間内ではなく、「合理的な期間内」になされなくてはならない。また国内的救済手段は尽くされていなくてはならないし、他所で係争中というよりはむしろ「解決された」ものであってはならない。委員会の調査権限は、まことに広いものである。「マスメディアによって拡められた情報のみに基づいた」訴えは受理しないかもしれないが、委員会は、「いかなる適当な調査方法をも用いることができ」、締約国からのみならず「情報を提供し得るいかなる人からも聴取することができる」。委員長はまた、きわめて幅広い法源より「示唆を受けることができる。憲章は明らかに、アフリカ的法源を重視するという強い偏りを示してはいるが。この委員会がひとたび設立されるや、これもまた、疑いもなく人権法に関する国際法体系というものに重要な貢献をすることであろう。

（一九八一年六月二七日に採択されたアフリカ人権憲章は、一九八六年十月二一日に効力が発生した。一九九〇年現在、三五ヵ国が批准している。締約国については、巻末の主要人権条約締約国一覧表を参照されたい。……訳者注）

〈国際労働機関の制度〉

I.L.O.——国際労働機関——は、一九一九年に創立された、国連の専門機関中最古のものである。I.L.O.の主な関心事は社会正義であり、人権はその目的のためには最も重要なものである。ここに、その目的とは、主に経済的・社会的権利のことであるが、勿論結社の自由への権利というものも含まれる。ところでI.L.O.は独特の三者構成で機能している。つまり、その主要機関は、政府委員に加え、同数の使用者と労働者の代表により構成されているのである。国際的な法作成に関しては、I.L.O.の記録には独特なものがある。つまり、I.L.O.は、現在効力を有している一五〇以上の条約の促進に努めてきたのであり、これらの条約について、ときには一〇〇以上の国から約五〇〇〇の批准を獲得してきている。

I.L.O.は、こういった条約を監督するための、幾つかの手続というものを持っている。まず、各加盟国が「締約国となった条約の規程を実施するために執った措置について」報告するという手法による、監督手続というものがある。これらの報告は、加盟国に内密の「要請」をしたり、「意見」を公表したりすることのできる、I.L.O.の三者構成による「条約及び勧告の適用に関する専門委員会」において審査される。また、「申立て」に関する手続と、労働組合の権利への侵害に対する苦情に関する――経済社会理事会と連帯的に設けられた――特別手続というものがある。各々、使用者または労働者の組合によって苦情申立てが行われる。もう一つの「苦情」手続は、I.L.O.加盟国が互いに起こすことのできるものである。ここでは、異なった I.L.O.の三者構成による委員会が、これらの苦情を審議し、I.L.O.理事会にその結論を報告する。

なお、本書では、既に社会権規約における監督手続において、I.L.O.がいかにその役割を演ずることができるかということを見てきた。

〈ユネスコの制度〉

ユネスコ（国際連合教育科学文化機関 UNESCO）は、もう一つの国連専門機関であり、教育の権利、意見と表現の自由、文化、芸術、科学というものが、人権中ここでの特に関心のある分野である。一九六二年に採択され、現在七十余国が批准を行っている「教育における差別撤廃のための条約」というこの分野における専門条約に対しては、ユネスコがその責任を負っている。この条約の議定書に基づき、この分野においては、相互間における紛争の平和的解決を追求している締約国が利用できる、一つの独立したユネスコ調停及び仲裁委員会というものが設置されている。しかし、この手続に訴えたものはいまだない。

国連人権委員会（Commission）と同じように、ユネスコは当初、たとえユネスコの関心事に含まれるものであれ、人権侵害につき直接為された個人よりの訴えに対してはいかなるものであれ行動する権限を有しない、という見解をとっていた。しかし、一九七八年に、「友好的な解決をもたらす手助けをするという見地から」、条約及び勧告に関する委員会を通してこのような「通報」（communications）を審議するための新しい手続というものを置いた。この手続は、ユネスコの管轄権限内にある人権への侵害による犠牲者であると「合理的に推定され得る」者によってのみ行うことができる。これは非公開のものであり、公開での議論は、通報が「大量で組織的な、目に余る人権及び基本的自由の侵害の問題」を審議するときにのみ許される。今までのところ、ユネスコは、この手続の利用に関しても、また、この手続により得た結果に関しても、何らの公表もしていない。この手続の将来は今のところ不確かであるように思われる。

〈非政府団体（N.G.O.）〉

記述のような、国際法上の国家義務の不履行の結果である人権違反に対し、国際舞台において救済を与えようとして作られたこれらの手続の中で真に「効果的」であると言えるのは、明らかにほんの幾つかにすぎない。人権委員（Committee）は、独立した、学識ある、よく訓練された専門家より構成されている。そして、この委員会により自由権規約に定めている義務の履行というものを監督しようという試みは、印象深いものである。また、自由権規約選択議定書の下での、個人の訴えに関する委員会の報告もまた印象深いものである。しかし、この委員会の武器は公の糾弾というものにすぎないのである。選択議定書の下においてでさえ、締約国は、委員会の見解を行動に移すなどということは言うまでもなく、受容する義務すらも負っていない。また、他の手続中の幾つかは、少なくとも以下の二つの欠陥を持っている。第一には、経済社会理事会による社会権規約の監督及び国連の人権委員会（Commission）の仕事というものは、共に、他国における人権問題への関心というものが自国の外交政策によって厳しく制限されている政府代表によって為されているということである。第二には、人権委員会（Commission）の一般手続は、ユネスコの手続のように非公開であり、違反した国を国際世論の圧力に曝すことすらできないということである。

現在のところ、効果的な救済手段を与えることのできる手続というものは、ヨーロッパ人権条約及び米州人権条約により創設された人権委員会と人権裁判所による救済手続、及びI.L.O.憲章の下で機能している救済手続だけである。上記の場合だけが、政府の代表によるのではなく、独立した専門家によって構成されている機関なのであり、権限ある機関により為された決定に効果を与えるよう条約上締約国に有効な強制を行うことのできる場合なのである。

国家に対する最大の圧力が、この人権の分野において活発に活動している非政府団体――N.G.O.――よりのものであるのはこの理由による。国際赤十字委員会、アムネスティー・インターナショナル、世界法律家評議会などや、それらに似た何千とは言わぬまでも何百という有志による国内及び国際組織の辛抱強い努力なくしては、人権は世界の至る所で現在よりももっと尊重されてはいなかったであろう。これらの組織の多くは、根気強く抵抗を続けたり改善を呼びかけ続け、新しい条約を推進し、採択された条約を批准するよう政府に圧力をかけ続け、政府の履行状況を吟味し続け、異なった手続の下における訴えを手助けし、かつ、種々の監督機関のメンバーに情報をもたらし続けているのである。国家より成る国際社会でさえもこれらN.G.O.の価値を認め、幾つかのN.G.O.に経済社会理事会や国連の専門機関及び他の国際機関において、「諮問機関としての地位」を与えている。

政府代表ということにより被るハンディーがないため、N.G.O.はより迅速に活動することが出来るし、また、より自由に圧力をかけることができる。そして、その活動の過程においてかなりの危険に遭遇するものもある。N.G.O.はそのすべてが慢性的に資金不足であり、その仕事を助ける有志により成立している。N.G.O.は、どんな手助けであろうと熱望しているのであり、多分N.G.O.こそ、人権について関心を持つ一般人が、国内及び国外の両方において人権のより一層の尊重ということを促進するために手助けができる、最も有効な方法であろう。

第三部　法典は何を規定しているのか

第十一章　身体の自由

法典がいかにして作られいかに機能しているかを今まで見てきたので、ここで最後に、法典は実際のところは何を規定しているのかを、見ていくことにしよう。九つの国際的及び地域的な一般条約の主要な条文はすべて本書の付録に収録（訳本では省略）されているから、争いのあるところについては、すべての法文書に求められているように一語一語注意深く読むことが必要である。本書の巻末に載せている表はまた、一九八四年一月現在どの国がどの条約の締約国なのかを示している。以下は、これらの条約が扱っている様々な権利に関して、それらがいかに扱われているかの説明である。

再び、ここでは人権の「序列化」という問題に直面することになる。ここでの議論のためには、権利はどうグループ分けしどういう順序で考えればよいのであろうか。一度でも、たとえ秘かにであれ、ある権利のほうが他の権利よりも重要だといった印象を与えるや否や、ある人権のために他の人権を犠牲にする言訳けに使われることになり、それゆえに危険である。しかし、議論を行うには何らかの順序づけということは必要である。そこで、ここでは例のアダムの人生が単独の生活からもっと複雑な生活へと変わるに伴い、出現するであろう人権の必要性の順序に従っていくことにしよう。

アダムがまず必要と感じるであろうものは、国際法典において「身体の」権利及び自由と呼ばれているもの、つまり、アダムの身体に直接に及ぶ侵害に対するものである。これらは、生命・身体の自由及び安全についての権利と、拷問や他の虐待からの自由と、危険から逃れ安全な場所を見つける権利のような類の権利を含む移転の自由である。

〈生命に対する権利〉

生命に対する権利が国際人権法典中ある種の優先権を与えられ、何がしか他の権利の前にランク付けられるだろうことを予期することは、許されるであろう。結局のところ、いかなる人権であれそれを有するには、まず、その者は一個の生きている者でなくてはならない。死人には、人権であれ何であれいかなる権利をも利用する術はない。死人の権利というようなものは見つけることはできないのである。生命に対する権利は、他のすべての人権と似ている。他の人権と同じようにこの権利に独特の特徴を有している。――例えば、国家の義務は絶対的かつ即時的である。そして、戦争や公の緊急事態においてさえ、この義務を免れるような措置をとることはできない。――しかし、だからといって全く特別の扱いを受けるというわけではない。実際、条約中の規定においては、この権利に対して幾つかの例外を認めてさえいる。

ちょっと見ると、これは奇妙に思えるかもしれない。しかし、生物学上の現実を思い出してほしい。

結局のところ、誰であれ永遠に生き続けることはできないのであり、人間は皆最後には死ななくてはならない。最終的に死がやって来たとき、我々は生きる権利が害されていると訴えることができるのであろうか。いったい誰がこの権利を侵害したのか。誰に対し救済を求めればよいのか。それはいったいいかなるものなのか。人生というものは危険だらけのものである。ひょっとすると重病に陥るかもしれないし、予期せぬ潮の流れに溺れるかもしれない。山から落るかもしれないし、バスに轢かれるかもしれない。もっとも、少なくとも最後のケースにおいては、扶養家族は、バスの運転手かその使用者に賠償を求める訴えをすることができよう。しかし、だからといって、生命に対する権利――これは本来国家及びその公的機関に直接向けられる権利である――をバスの運転手に侵害されたといって争うことが実際にできるだろうか。

しかしそうだとすると、一体全体なぜ、生命に対する「人の」権利というものが存在するのであろうか。この疑問に答えるために、ここで初めて後章においてもまた使う一つの法律上のルールを適用していこう。このルールによると、ある法律の目的を理解するためには、その法律が向けられている「災い」に注目し、「この法律は実際のところ何を防ごうとしているのか」、「議会に介入することを許すまでの、その社会においてうまくいっていない事とは何なのであろうか」、ということを自問しなくてはならない。これに対する答えを知っていれば、その法律が意図する目的を充たすよう解釈し適用するために、より一層の備えができると言えるであろう。

さて、生命に対する権利を喚起してきた災いとは、まことに単純にも、何らかの理由から政府が嫌ったかまたは邪魔者とみなした者の、自国政府による殺害であった。結局、もしあなたが殺しの公式のライセンスを保持しているとすれば、邪魔者を殺すことこそ彼を取り除く最も簡単かつ安価なやり方と言えるであろう。ヒトラーのガス室によってであろうとも、上品にも「裁判によらぬ処刑」と呼ばれて未だ用いられている様々の同じように残虐な手段によってであろうとも。それゆえ、生命に対する権利は、まず第一に、政府による気紛れな殺害を防ぐものとして考えられているのである。

しかし、同時にまた、絶対的な生命に対する権利というものは、人権法を無意味なものにしてしまうだろう。世界中で、何千万人という人が主に自然原因で毎年死んでいる。単に住民が死ぬのを止めることができないでいるという理由だけで、永続的な人権侵害者としてすべての国を扱うことは、たとえ真に心優しい人でさえもできることではない。国家は、その手先が直接に死を引き起こした場合とか、国家それ自体に不埒な行為とか手抜かりの行為があった場合にしか、責任を持たされることはない。つまり、例えば、殺人を罰する法律がないとか、あってもその法律をわざと執行しないとか、適用から国の手先は除外するとか、恣意的に適用するとかいうような国は、その国の住民の生命に対する権利を侵害しているとして有罪とされるであろう。米州人権委員会は既にこの見解を、個人の「失踪」事件に関し表明してきている。しかし、当該関係政府は、失踪者に関するいかなる情報も、また、彼らの所在を発見するための調査の進展に関するいかなる情報も、全くその提供を拒んでいる。また、人権委員会(Committee)は、幼児死亡率を最小に抑えるよう各国は最大限の努力をすべきだと説いているが、しかし、これの結果は明らかである。

確かに、この権利は明らかに、幾つかの異例の結果をもたらすことはできるであろう。例えば、治安警察がテロリストの疑いのある者を殺害したとすると、これは明白に、この者の生命に対する権利の侵害である。皆と同じようにこの者も、権限ある公平な裁判所により既知の犯罪の一つの罪で有罪とされるまでは罰せられることはない、という権利を有している。しかし、もしもテロリストが、治安警察の一員（または、誰であれ）を殺害したときには、国家は、テロを最小限に抑え、かつ国家の代理人（そして、国民のすべて）をテロリストから守るために合理的に取り得るあらゆる手段を尽くしているかぎりにおいては、テロリストの生命に対する権利への侵害ということに対し責任をとらなければならないということはない。これは、他の権利と比べ特殊性を有するこの人権の性質に由縁する必然的な結果というものである。結局のところ、人権は、公的機関の行為や怠慢から市民を守るように本来設定されているのであり、同僚たる市民から守るためではない。市民間のことは、通常の法律の役目であり、人権法の役目ではない。もし国家が、これらに責任を持たされるとしたら、第三者効力（第九章参照）を通してのみ可能なのである。

このことはすべて人権保護に関する規定の表現中にあらわれている。事実、世界人権宣言は、格調高く「すべて人は、生命……に対する権利を有する」（第三条）と宣言している。そしてこれ以上は何も言ってはいない。しかし、人権条約はもっと慎重である。これらの条約が求めているのは、この権利は「法律によって保護され」、誰も「恣意的に」（または、ヨーロッパ人権条約においては「故意に」）その生命を奪われない――幾つかの特別の場合を除いて――ということである。こういった特別の場合として、すべての条約は、死刑については例外を設けている。そして、それに加え、ヨーロッパ人権条約は、暴力から身を守るため、合法的な逮捕のため、抑留した者の逃亡を防ぐため、または、「暴動または反乱を鎮圧するため」に、「絶対的に必要な力の行使」の場合を含めている（第二条二項）。ただ、上記のような例外的場合に対する理由としては、人権は譲渡不可能なものであるということを明記しなくてはなるまい。殺人者は、他人の生命を奪ったがゆえに命を奪われると単純に議論することはできない。人権というものは、奪われることはできないのである。それゆえ、もしあなたが死刑の存続を望むならば、生命に対する権利に対するところの死刑に関する特別の例外というものを、創り出さなくてはならないのである。

一九四八年の世界人権宣言の採択及び一九五〇年のヨーロッパ人権条約の採択以来、死刑は廃れ始めた。自由権規約（一九六六年採択。第六条）と米州人権条約（一九六九年採択。第四条）は共に死刑に関する何がしかの制限を既に含んでいる。例えば、死刑は、「最も重大な犯罪」に対してのみ、かつ、犯罪が行われたときに効力を有している法律に基づいての「権限のある裁判所」の「確定判決」によってのみ、科すことができる。死刑は、一八歳未満（または、米州人権条約では七〇歳以上の者も）の者に科すことも、また、妊娠中の女子に対し執行することもできない。特赦または減刑の適用を求める権利（但し、これらを受ける権利はないが）が存しなくてはならないし、両条約は共に実際に要求まではしていないとはいうものの、死刑の廃止を奨励している。

一方、ヨーロッパもまたどんどん動いてきている。今や、ヨーロッパ審議会のメンバー国のほとんどは、大抵死刑を廃止している。死刑の完全な廃止（戦時下を除く）を求めるヨーロッパ人権条約第六議定書は一九八三年四月に採択され、メンバー国中五ヵ国が批准したとき発効する（一九八五年発効……訳者注）。似たような議定書は現在国連総会によってもまた考えられている。

驚くべきことには、生命に対する権利に関して国際法廷に係争中の事件は非常に稀である。そのうえ、多分これほどには驚かないだろうが、表面に出て来ている事件の多くは、堕胎に関するものである。これに関しては、米州人権条約のみが、生命を尊重される権利は、「一般的には受胎の時から」保護されるべきである、と条文中（第四条一項）で述べている。（明確な教権反対の伝統に基づき、メキシコはこの規定については留保する必要性に気づいたのであったが。）しかし、他の人権条約中には、このような指標となるような言葉は見られない。そして、ヨーロッパ人権委員会は、未だこの問題については最終的に心を決めていない。

〈身体の自由と安全：逮捕と抑留〉

国際法典は、人間の生活の状態とか境遇に関してはそう多く言うべきことを持ってはいないが、生きている間の人生の質ということに関しては、言うべきことを多く持っている。実際、ある意味では、これこそ全法典の存在理由なのである。法典は人が死ぬのを止めることはできまい。しかし、少なくとも、生きているかぎりにおいて、これらの人々の苦しみが、避け得る抑圧とか迫害、搾取、剝奪によって不必要に増やされないよう保証しようとすることはできる。

刑務所の中に素晴らしい人生などあるわけがない。そのうえ、政府に対して問題を起こす者を始末する古典的な方法の一つは常に閉じ込めることであったし、今もなをそうである。それゆえ、「身体の自由と安全」への訴え——身体的制限からの自由という直接的な意味における——は、常に人権闘争の最前線であり続けてきている。そこで、世界人権宣言（第三条）、自由権規約（第九条一項）、ヨーロッパ人権条約及び米州人権条約（各々、第五条一項及び第七条一項）、そして、アフリカ人権憲章（第六条）

はどれも、「すべての者は、身体の自由及び安全についての権利を有する」と宣言している。

一般的にそうであるように、世界人権宣言はここでも、ここまでに止めている。しかし、最初から法文書として意図されたため、条約のほうは、必然的に詳しく扱わなくてはならない。それに、この権利というものは絶対的ではあり得ない以上、詳しく記述することは重要である。もしも、この権利が絶対的なものだとすると、ありふれた犯罪者も誰一人捕えられることはないということとなってしまう。それゆえ、条約中において次に続くのは、犯罪から守る必要がある社会と抑留中の逮捕された被疑者双方のために、圧政的な政権によって濫用される余地を残すようなことのないよう必要な保障の規定を備えて作用することを通常の刑事法に許すよう考えて作られた、逮捕・抑留に際し何が正当で何がそうでないかについての詳しい規定である。

この法典は、以下のような五つの主要素を有している。何人も「法律で定める」理由及び手続によらなければ逮捕または拘留されない。何人も逮捕されるとき、その理由を告げられなくてはならない。そして、司法担当官の面前に「速やかに」連れて行かれなくてはならず、妥当な期間内に釈放されるか裁判に付されなくてはならない。そして、常に裁判所においてその抑留の合法性を判断するための手続をとる権利を有していなくてはならない。

ヨーロッパ人権条約のみが、その第五条一項において、「法律でさだめ」られた自由剝奪を許す「理由」というものを余すところなく記した次のような一覧表を提供している。

㈠　権限ある裁判所の有罪判決の後の留置。
㈡　裁判所の命令に従わないための留置。

(三)　犯罪を犯したと疑うに足る相当の理由による逮捕、または犯罪の遂行もしくは犯罪遂行後の逃亡を防ぐ相当な理由がある逮捕。
(四)　未成年者の教育上の監督のため。
(五)　伝染病のまん延を防ぐため。
(六)　精神異常者、アルコール中毒者、麻薬中毒者もしくは浮浪者の抑留。
(七)　不法入国者または退去強制もしくは犯罪人引渡しされる者の抑留。

この条文は、ストラスブルグの委員会と裁判所に、非常に多くの事件をもたらしている。そして、これらの理由については、今やそこで何度も考慮され解釈されてきている。

生命に対する権利のように、身体の自由及び安全への権利に対する尊重は、各締約国にとって絶対的かつ即時的な義務である。しかし、生命に対する権利とは異なり、国家は、戦争または公共の緊急事態の場合においては、「事態の緊急性が要求する厳密な限度内で」その義務から免れる措置をとる権限を有している。それゆえ、このような場合には、告訴も裁判もせずに――しかし、状況がこれを「厳密に求めて」いる場合にのみ――人々を抑留できる。

〈拷問と虐待〉

拷問――故意にひどく加えられた、ひどい痛みや苦痛――が、人間が互いに仕出かし得る最も吐き気を催す嫌なことの一つであるということは、疑いもないところだ。もしも、国民の健康と身体の安全を追求することが主な機能であるはずの政府により、公式な政策の一部として明示された命令により拷問が行われるとしても、なおかつ、拷問というものは吐き気のするものである。しかし、未だに世界中で拷問は行われているのであり、それどころか、拷問を正当化しようという試みさえ何度も為されてきた（今日では、政府により為されることはほとんどないが）。正当化は、大体において以下のような理論でなされるのが通常である。「あなたは、何人かのテロリストが、どこかに爆弾を仕掛けたとわかったとしよう。あなたには、それがどこかはわからぬが、今から六時間後には爆発して多くの罪のない人々を殺害したり不具にするだろうことはわかっている。そして、この時点で、あなたはテロリストの一人を捕えたとしよう。これらの罪のない犠牲者を助けるために、、爆弾がどこに仕掛けられているかを喋らせるためならたとえこのテロリストに一時的な苦痛を与えることになろうともいかなる手段にも訴えることのできるという権利が、さてあなたにあるといえようか？」

肉体的苦痛がいかに一時的なものであろうとも拷問による精神的な傷というものは永く続くものだ、という事実はさておいても、この議論は少なくとも、次の四つの重要な点を無視している。

㈠　あなたは、捕えた男が爆弾がどこにあるかを知っている「有罪の」テロリストだと思っているが、ひょっとすると、あなたは誤っているかもしれない。そして、もし誤っていたなら、あなたは無実の者を拷問することになる。

㈡　拷問による自白というものは滅多に信頼に値しない。否それどころか、犠牲者はしばしば、拷問を止めさすためにはどんなことでも言うだろう。

㈢　多分あなたは、襲撃して来る悪魔のような者たちから、あなたの社会の高い価値を守ろうとしているのであろう。しかし、政府が意図的に国民を拷問する社会において、あなたが発展することを期待しているのは、いったいいかなる価値なのであろうか。

㈣　いったん良い目的というものは最も邪悪な手段さえも正当化するということを受け入れたとして――あなたが、ここでしているように――、では、いったいどこでこれを止めようとしているのか。あなたが他の者の利益であると考えることのために、人々を強制収容所に閉じ込めたり射殺隊の前に引き出すまでに、どれほどの時間がかかるのだろうか。

拷問ということの道徳性についてどう考えようとも、その合法性については今日もはや疑う余地はない。いかなる条件も制限も付すことなく、また、戦時下とか公共の緊急事態のときでさえも権利の停止の可能性などなく、すべての国際人権条約はこぞって、明白に「何人も、拷問または残虐な非人道的な若しくは品位を傷つける取扱い若しくは刑罰を受けない」と宣言している。ここでは、権利とか自由ということに何らの言及すらしていないことに注意しなくてはならない。これは、単純に絶対的な全面禁止である。既に、本書第七章で見たように、アメリカ合衆国連邦裁判所は、「*Filartiga v. Pena-Irala*」のケースにおいて、この禁止は、今や国際慣習法となっているのであり、条約締約国のみならず、すべての国をも拘束する、と判決した。この裁判所が述べたように、「拷問は――海賊や奴隷取引のように――全人類の敵（*hostis humani generis*）となった」のである。

また、人権条約は、単に拷問を絶対的に禁じたのみならず、すべての「残虐で、非人道的な、もしくは品位を傷つける、取扱いもしくは刑罰」――つまり、虐待の六つの分類である――をも同じように禁じたことに、注目しなくてはならない。ストラスブルグにやって来るこの分野に関する事件の大部分は、こういった言葉の意味についてのものであり、今や非常に広範囲にわたり解釈が行われている。例えば、*Ireland v. United Kingdom* という主要判例において訴えの対象となったのは、一九七一年に北アイルランドでなされたテロ行為の容疑者に対する「徹底的な尋問」の手法（主に心理的な）についてであった。ヨーロッパ人権委員会は、これらの手法は拷問に等しいものであったという結論を出した。それに対して、人権裁判所は、これらの残虐性及び彼らが加えられた苦痛の強さは、未だ拷問のレベルには達してはいないが、非人道的かつ品位を傷つける取扱いに等しいと判決したのである。

こういった禁止をより効果的なものにしようという意図で、国連によって新しい「拷問撤廃条約」が採択された。これは、拷問を「国際法上の犯罪」と規定し、拷問が行われた国拷問を行った者の国または拷問された者の国のみならず、いかなる国であれ拷問行為を審判に付すことができるようにするものである。これは、拷問を行う者にとり、安住の地を見つけることを著しく困難にするであろう。そして、それゆえに、拷問を行う気をくじく働きをするであろう。

〈移転の自由〉

弾圧されている者にとり、迫害からの脱出の最終的な手段は、その国を離れ他国に住むということである。それゆえ、圧政的な政府は、国全体を巨大な監獄に変えることになろうとも、しばしば政府に不満を抱いた市民を外国に移住させることを防ごうとする。それゆえに、出国の権利というものは迫害に対する重要な防衛手段の一つなのである。出国の権利があるかぎりは多量の難民流出の危険性というものが存在するのであり、それは、政府が課したがっている弾圧の程度を制限することになるであろう。
それゆえに、世界人権宣言は、「すべて人は、自国その他いずれの国をも立ち去る……権利を有する」(第一三条二項)と謳い、また、人権条約はすべてがこの規定を繰り返している。例えば、ヨーロッパ人権条約では、第四議定書(第二条二項)がそうである。しかし、ここに問題が一つある。裁判から逃れようとする者はどうなるのか、ということである。すべての犯罪者に、逮捕または有罪確定の前後を問わず国を立ち去る権利を主張しその結果として己れの犯した罪の責任を逃れることを、許すわけにはいくまい。同じような問題は、スパイとかのような場合にもまた起こってこよう。それゆえ、ここで我々は、典型的な「制約と制限」(restriction and limitation)の最初の例にぶつかることになる。包括的な権利を宣言した後、すべての人権条約は、以下のような規定をしている(以下に引用する規定は、ヨーロッパ人権条約第四議定書第二条三項による)。

「(これらの権利への)いかなる制約も、法律に従っており、かつ、国の安全または公の安全のため、公の秩序の維持のため、犯罪の防止のため、衛生または道徳の保護のため、または他人の権利及び自由の保護のために民主的社会において必要とされるものの他は、これらの権利の行使に対して加えてはならない。」

見たところ、この条文は、あたかも最初の権利から、ほとんどのものを取り去ってしまったかのように見える。しかし、本書第八章で既に見てきたように、そうではない。かような制約が正当化されるには、当該政府は、そのケースが厳格にこの規定内に収まることを示さなくてはならない。つまり、制約に関して明確な法律が存在し、そして、その法律は、民主的社会においてその規定に表示された特定の公益の一つ、または幾つかを守るために必要なものでなくてはならないのである。もしも、そのケースがまともにこれらの必要条件に適合しないならば、この制約は無効であり、政府は国際的な法的義務に違反することになるであろう。

すべての人権条約は、また、国内での移転の自由と居住選択の自由及び入国の自由を規定している。しかし、この最後の自由は、自国民のみに限定されている。これらの人権条約はどれも、政府に対してただ一人といえども外国人の入国を認める義務と課してはいない。これは無情に、特に難民には思えよう。だが、これが一般法なのであり、幾つかの地域的例外——加盟国の全国民に、加盟国中を自由に移動できるようにしたEECの条約のようなもの——が存在するだけである。

しかし、この人権法における欠陥は、法律家一般、特に人権法を専門とする法律家に、巧妙なある興味ある演出を行う機会を与えている。一九六八年にイギリス政府は、英国国民といえども英国と「密接な関係」(close connection)を有しない者はその入国を制限するという、新しい入国管理制度を導入した。そこで、幾人かの東アフリカに住むアジア系イギリス国民が、ストラスブルグのヨーロッパ人権委員会に提訴をした。実は、英国は、自国に入国する国民の権利を保護する第四議定書をまだ批准していなかった。それでもなお、*Patel et al. v. United Kingdom* のケースにおいて、人権委員会は新しい論法でこの訴えを支持している。委員会は、英国の移民政策は人種差別のものであり、異なる人種の者たちは入国の権利を有するのに対して、これらの者にはそれを否定することは、英国が当然に拘束されるヨーロッパ人権条約第三条にいう「品位を傷つける扱い」に当たる、と述べたのである。

移転の自由についてもまた、国の義務というものは絶対的かつ即時的である。しかしこれは、国家が戦争や公共の緊急事態において条約の義務から免れることのできるもう一つの権利でもある。もっとも、ここでも「事態の緊急性が要求する厳密な限度内で」だけではあるが。

〈庇　護〉

迫害からの避難者（裁判を免れるための、通常の逃亡者とは異なり）は、他人よりの助けを特に必要としている。そして、今日、世界中に、そのような人は未だ多く存在しているのである。そして、これら難民の苛酷な運命を柔らげようという意図を持つ「難民の地位に関する国連専門条約」と、難民の救援のための国連専門機関――ジュネーヴに本拠を置く国連難民高等弁務官――が存在している。しかし、未だ米州諸国以外では、難民は、他国に入国を認められる正式な権利というものを有してはいない。世界人権宣言が「すべての者は、迫害からの庇護を他国に求め、かつ、これを他国で享受する権利を有する」（第一四条一項）と宣言しているにもかかわらず、庇護を求める権利及び庇護を得る権利を明白に含んでいる条約というものは、米州人権条約（第二二条七項）とアフリカ人権憲章（第一二条三項）だけである。

得ることが出来ないものを求める権利を持っていたところで、ほとんど何の役にも立たない。しかし、ここでもまた、ヨーロッパ人権委員会は、その工夫力の冴えを見せている。一九七二年八月に、モロッコの空軍中佐が、モロッコ国王の暗殺失敗の直後に、ジブラルタルに飛来し庇護を求めた。しかし、中佐の希望は拒否され、その翌日モロッコ空軍機によりモロッコに送り返され、彼は即決によりすぐに銃殺刑となった。そこで、中佐の未亡人は、ストラスブルグに訴えた（*Amekrane* v. *United*

Kingdom)。ここでも再びヨーロッパ人権委員会は、ヨーロッパ人権条約第三条に頼って、以下のように宣言したのである。非人道的または品位を傷つける取扱いもしくは刑罰を受けそうな国に送り返すことは、それ自体本条約に違反しているから、本件訴えは受理される（これは、法技術的には、リフォールマン（refoulement）と呼ばれ、米州人権条約第二二条八項と難民条約によってのみ明示的に禁じられているにすぎないものである）。そして、この決定に続き、イギリス政府が、未亡人及び子供たちに三万七五〇〇ポンドを支払うという、「友好的解決」がなされた。

第十二章　食料、住居、健康、そして家族

さて、ではアダムが生存していて、自由に、害されることなく、好きなように日々を送っていると考えてみるとしよう。次にアダムが必要性に気づくのは、多分食料と住居のことであり、また、健康を保つことであろう。そしてまた、アダムは結婚し、家族を持ち、妻子を守りたいと望むことだろう。こういったことすべてに関し、国際法典は何がしかの言及をしているのである。

〈生活水準〉

世界人権宣言は、その第二五条一項に「すべて人は、衣食住、医療及び必要な社会的施設等により、自己及び家族の健康及び福祉に十分な生活水準を保持する権利を有する」と述べている。確かに、人が皆これらすべてを有するならば、世界はもっと良い場所となるだろう。人は飢えたり、寒かったり、家を持たなかったり、病気になったりすべきではない、ということに誰も異論はなかろう。しかし、これは「人の」権利の一つと言えるのだろうか。上記のような事が起きたとしても、これが常に政府の責任ではないし、常に政府はこれに対し何かをすべき立場にあるとも言えるものでもない。多くの国は、資源や人材や資本、そして、それらがあったとしても、これらをうまく活用するのに必要な組織力や運営力が、未だ絶望的なまでに不足している。これらの国は、自国の農地及び農業技術により得られる食料により養える人口よりも、遥かに多い人口を擁している。この種の一般的権利を単に宣

言するだけでは、これらの困難を治すことなどできはしない。

では、この条文が対峙している問題は一体何なのであろうか。自然の原因により引き起こされた一地方特有の貧困などというものを越えて、避けようとすれば避けられる貧困が多く存在しているのは、悲しいかな現実である。多くの国においては、政治権力と富（特に土地）がごく少数の超特権階級の手の中にあるため、その極端な搾取によりもたらされている富と貧困の格差のひどさに対して怒りを覚えるには、何も共産主義者でも、いや平等主義者でさえもある必要がない程である。道徳的な怒りは別としても、このような経済制度はまた非常に効率が悪いものである。郊外の農民や都市のスラム街の住民の、無知、文盲、貧困、栄養不足、病気等は、それ自体が生産の重大な妨げとなり、そのために、すべての人の生活水準の改善の障害となっている。それに、政府の権限内で除去することが可能な障害もある。例えば、汚職であり、援助物資等の悪分配であり、衛生、教育、灌漑などのようなずっと有用な計画の代りに、支配者の巨大な記念碑を建設するとか、田舎の人口を減らし都市のスラムのスプロール化を進めるという結果になるだけの、産業化への野心的計画により「先進国」を真似る試みなどである。

批難を連呼することはたやすいことである。しかし、ここはそのための場所ではない。また、経済的・政治的権力とか、その他の「資本主義」経済に特有の現象である人間の経済的発展への障害物に過度に関心を向けるところでもない。世界には、明らかに「社会主義」経済の国もかなり多く存在しているのだから。ここでの重要な点は、政府は国民の生活水準の改善のため何か出来る場合には、国際法典が明白に禁じているいかなる差別もせずにそれを実行しなくてはならないということであり、それゆえに、その意味では、ある相当な(adequate)生活水準を求める法的権利というものを明文化することはできるのである。

そこで、関連条約に目を転じるとき、社会権規約(第二条一項)における政府の義務というものが、相対的かつ漸進的であることに気づくであろう。「……すべての適当な方法によりこの規約において認められる権利の完全な実現を漸進的に実現するため、自国における利用可能な手段を最大限に用いることにより……」。また、第一一条一項は、次いで、以下のような文言で相当な生活水準への権利というものを規定している。

「この規約の締約国は、自己及びその家族のための相当な食糧、衣類及び住居を内容とする相当な生活水準についての並びに生活条件の不断の改善についてのすべての者の権利を認める。締約国は、この権利の実現を確保するために適当な措置をとり、このためには、自由な合意に基づく国際協力が極めて重要であることを認める。」

社会権規約には、戦争または公共の緊急事態時における権利の停止に関する規定というものは存在しない。しかし、この類のすべての権利に関して最も重要な点は、これらの条約を支配している「非差別条項」というものである。つまりは、政府が経済発展の分野において何を行おうとも、また、いかに業績を上げようとも、それらは全国民のために行われなくてはならないのであり、多数の者の人権を犠牲にして少数の特権者のために行われてはならない、ということである。このテーマは、本書第十八章の「発展の権利」の章で、もっと詳しく論ずることにする。

ヨーロッパ社会憲章は、また、「相当な（decent）生活水準」というものに対する要求を含んでいるが、これは労働者に対する公正な支払いの文脈においてである（本書第十三章参照）。

〈健　康〉

「健康」と「医療」に関する規定を世界人権宣言第二五条一項に入れたことにより、社会権規約（第一二条）、ヨーロッパ社会憲章（第一一条）、アフリカ人権憲章（第一六条）にも、これらに関する一ヵ条が挿入された。これらすべての条約は、すべての人に身体及び精神の健康に関して達成し得る「最も高度な」または「最良の」水準を謳歌するという権利を認めている。特に取り出してここに述べられているのは、幼児の死亡率（生命に対する権利の一側面とみなす者もいようが）、環境衛生及び産業衛生、伝染病、風土病、職業病、医療の進歩、健康問題における個人の責任の助長ということである。そしてヨーロッパ社会憲章においては、その関連条項が、条約締結国が、ストラスブルグの専門家委員会によって考慮されるこの憲章上の義務を満たすために健康に関する分野において守らなくてはならない最小限の基準というものを設定している。

勿論、ここでもまた、真に重要なものは非差別条項中に存在する。つまり、国家が与えることの出来るヘルスケアーは、いかなるものであれ、政治的もしくは経済的力のある者や国の支配者に有利なように行われてはならない。

〈婚姻及び家族〉

世界人権宣言第一六条一項は以下のように述べている。

「成年の男女は、人種、国籍または宗教によるいかなる制限をも受けることなく、婚姻し、かつ家庭をつくる権利を有する。成年の男女は、婚姻中及びその解消に際し、婚姻に関し平等の権利を有する。」

そして、その第二項は、「婚姻は、両当事者の自由かつ完全な合意によってのみ成立する」と続けている。

これは、市民的・政治的権利と経済的・社会的及び文化的権利という分け方に跨がった権利の、一つの良い例である。なぜならば、この権利は、両人権規約、ヨーロッパ人権条約、ヨーロッパ社会憲章、米州人権条約及びアフリカ人権憲章という、すべての関連条約中に見られるからである。婚姻及び家族は、人間の生存にとりまことに基本的なものであるから、これらに必然的に伴う権利を簡単に便宜上一つのカテゴリーの中に入れてしまうことはできない。これらは、市民的地位、経済的関係、社会構造、文化的な慣習及び価値観までも含むものなのである。

これらすべての分野において、勿論、世界の大部分は、未だ国際法典に宣言されている諸権利を実現するには程遠い。幾つかの場所において見られような各人種間の婚姻の禁止という極端な例は別としても、婚姻のあらゆる面において、女性が真に平等な権利を享受できていると言える国は、未だ多くはない。実際多くの場所において、未だ女性は——最初は両親の、次いで夫の——所持品とみなされているのであり、両性の「自由かつ完全な合意」による婚姻は、神話にすぎないと言えよう。ここにも、なお大いなる改善の余地が存するのである。特に、これらの条約を批准した国は、もはや、上記のような慣習を、主権国としてはいかなる国内慣習であろうとも維持する権利があるという根拠によっては、擁護することはできない。

〈母と子〉

世界人権宣言第二五条二項は、「母と子は、特別の保護及び援助を受ける権利を有する。すべての児童は、嫡出であると否とを問わず、同じ社会的保護を受ける」と言っている。これもまた、疑いもなく誰もが争おうとはしない感傷の一つではあるがしかしもっと詳細な規定なくしては何らの法的効果をも有しない、といった条項の一つである。それゆえに、人権条約によって、詳しい規定が提供されているのである。自由権規約では第二四条、社会権規約では第一〇条、米州人権条約では第一七条五項と第一九条、アフリカ人権憲章では第一八条三項、ヨーロッパ社会憲章では――七、八、一七条の――三条にわたり、各締約国が母と子に与えなくてはならない様々の保護を、いろいろなレベルにわたり詳細に規定している。このことは、出生登録に関することから、女性の労働条件や有給の出産休暇に関するもの、そして児童労働が食い物にされないこととか、児童教育が家庭内または外でのいかなる労働によっても害されないこと、などということを保証する条項を精巧に規定することまでにわたっている。

ヨーロッパ社会憲章に関して見ていくとき、ストラスブルグの専門家委員会が、憲章の条項の解釈及び適用に関し多くの労力を払ってきていることがわかる。そして、この委員会は、締約国からの「国の報告」（country reports）を審査する際に遭遇した様々の慣行——親の農場で働く児童が、学校の宿題を犠牲にすることとか、有給の出産休暇に対する正当な権利というものへの侵害である妊娠した家事労働者の解雇などのような——について不同意を表明してきている。概して、このような委員会による不同意は、何年か後になってとはいえ、しばしば当該慣行を結局のところは放棄させるものとなっている。

第十三章　労働、収入、そして財産

予言者が言うように、誰もが必要と思うもの――否、欲しいと思うもの――は、時々ボタンを押すだけでオートメ化された生産工程から豊富に出てくるような、そんな時代が来るかもしれない。しかし、今のところは、アダムはまだ額に汗してパンを稼がなくてはならない。技術的には最も進んでいる国においてすら、多くの人は、まだまだかなり働かなくてはならない。世界の人口の大部分の住む発展途上国においては、人々はほとんど一年中一生懸命に働かないと直きに飢えてしまう。労働というものは、人間の生活環境中に重要な位置を占め続けているし、また、最も根強く続く人間による搾取の一つの場合であり続けるがゆえに、多くの紛争を引き起こすものでもある。

そして、ここに難問が存在しているのである。明らかに、人々は生きるために働くことが必要である。もしも労働というものが組織化されたり、企業化されたり、資本投下が労働とうまく嚙み合ってなされたりすれば、労働がより生産性あるものとなるというのは事実である。しかし、こういったことは、また、赤裸々な欲望のために濫用され悪用され得るのであり、未だこの地球上のあまりにも多くの所に見られる、生産工程中においての人間に対するひどい搾取という結果を生むのは、これなのである。

〈労働の権利〉

世界人権宣言第二三条一項は、この難問を「すべて人は、勤労……する権利を有する」という磨きに磨いた文章でもって触れている。そのため、それぞれの立場によって、この文章はまことに異なったものとして解釈されている。社会主義者にとっては、これはマルクス主義理論の確認である。つまり、この条文は、資本家に対し、失業者を多量に溜めておいてもしも労働者が資本家の言う賃金を拒否したときには失業させるぞと脅かすことにより、骨折って働く大衆を搾取するというような権利などはない、と告げていると解釈する。これに対し、自由主義者にとっては、これは個人主義の確認である。つまり、もし人が働きたいのなら、国家は、たとえいかにその者を嫌っていようとも、また、その者が何をしようとも、何を言おうとも、何を信じていようとも、それを妨げることはできないということである。しかし、この両者は共に、産業という環境における労働を考えている。自耕自給の農民にとっては、この条文は全く無意味なものだ。彼にとって労働というものは日々必要なものであり、権利などというようなものではない。もしも彼が作物の世話をしなかったら、単に食べる物が全くない、という状態になるだけである。

公平に見て、この同じ条文が、「職業を自由に選択する」権利を宣言しているということに留意すべきである。この条文の規定は、これが別個の権利なのかとか、それが労働の権利というものについて説明しているものかとか、労働の権利はこの権利を含んでいるのか、ということを明らかにすることには失敗しているが。社会権規約第六条一項は、上記の問題中最後のものについて明確にしている。これによると、「労働の権利は、すべての物が自由に選択し、または承諾する労働によって生計を立てる機会を得る権利を含む。」しかしこの権利を扱っている他の条文においては、異なった強調がなされている。ヨーロッパ社会憲章第一部第一条は「すべての者は、自由に就いた職業において生計を得る機会を有する」という表現を採用している。他方、アフリカ人権憲章第一五条は、「すべての個人は……労働する権利を有する」と規定し、世界人権宣言の規定に従っているが、ここまでに止まり、選択の自由については何んら触れていない（実際には、アフリカ人権憲章は、第二九条六項において、「個人は、自己の才能及び能力のすべてを尽くして働く義務がある」と宣言している）。

　これらはすべてが、むしろ不満なものである。法的に拘束するものとして意図されている条項というものは、こんなに多くの矛盾した解釈が可能なような、かくのごとき不可解な曖昧さで表記されるべきではないからである。勿論、この曖昧さについての歴史上の理由というものは、充分に記録されている。一九四五年の連合国の勝利に続く幸福感の中で、新しく作られた国際連合の加盟国は、各々異なった経済政策を通じて、他の多くの難問と共に世界から失業という呪いを遂には追い払うことに成功し得るだろうと心から思っていた。そして、このゆえに、世界人権宣言の無防備な楽天主義というものが出てきたのである。しかし、国際人権規約の草案が作られている時には、冷戦はまさに最中となり、そのため、規約の最終案は多くの痛ましい外交上の妥協による産物となった。そうこうするうちに、非共産主義のヨーロッパ諸国、そして、アフリカ諸国は、独自の道を進んでいったのである。このことは、人権法に関する国際法典の巨大な構築においてキズであるというだけでなく、最も顕著な特徴の一つでもある。そして、多分このことの最大のデメリットは、完全に好意をもって臨んだ多くの自由主義者を、規約のすべての構成というものは共産主義者の陰謀であると思い込ませ、彼らの伝統からいえば支持すべきときにこの規約に反対するという、誤った方向に導くということであろう。

これは全く残念なことではあるが、しかし、我々は、こういった条文規定と共に生きていかなくてはならないのであり、出来る限りの最善を尽くして解釈していかなくてはならない。実際のところ、この分野においては、権能を有する国際機関というものはたった二つしかない。しかし、これらは共に興味ある解釈を提供し始めている。社会権規約における監督手続（本書第十章参照）の一環として、国連経済社会理事会（ECOSOC）に助言を与えるI.L.O.の専門家委員会は、外交上の慎重さにもかかわらず、マルクス・レーニン主義者の中には特別の支持を見出すことはできないような見解をも幾つか表明してきている。I.L.O.専門家委員会の言うには、「どの程度まで締約国が、（この条文中の）規定の遵守を漸進的に達成してきているかを考慮するための関連事項には」、以下のようなものがある。

○　犯罪の範囲についていかなる明確な限定もすることなくしての、「寄生的な形態での生活を送ること」に対する刑事犯罪の存在。
○　メンバーたることは経済委員会の同意があって初めて止められる、と定める模範的集団農場の規則の存在。
○　国家の安全を脅かすような活動でも、また、当該雇用形態の求めているものと相容れないものでもないような、そんな政治活動を行ったという理由に基づいた雇用における差別の存在。

他方、ストラスブルグにおいて、ヨーロッパ専門家委員会は、自由放任主義の熱狂的な支持者の頸羽を逆立てるようなことを述べている。それによると、

○　もしも、国家が、いかなる時においても、ある経済体制の利益になるよう永続的に失業者の群れを供給する目的でもって完全雇用という目標を放棄したならば、これは社会憲章第一条の義務に違反することになる。

○　この条文は、雇用に関する計画的政策が存在すること、及び、職を捜すに際し不利な者たちを助ける特別の手段が存在することを要請している。

異なった目的に対し向けられたこれら二機関による十字砲火は、実は全くシンメトリックなものであることが判明している。これほどに、私的な――それゆえ独立した――個人により構成されている公的機関の価値というものをうまく描いたものはそうはない。漠然とした「労働の権利」というものについてしっかりとした解釈論を展開している優れた学問的著作は豊富に存在していよう。しかし、また他方で、こういった権限ある機関のメンバーたちは、「個人の資格で」討議に加わり、静かにそれでいて実践的に、その仕事をうまくこなしているのである。

〈奴隷、苦役、そして強制労働〉

「職業の自由な選択」とか、「自由に選択または承諾する労働」の逆が、奴隷であることである。この言葉から我々は、奴隷頭の鞭の下においてアメリカや西インド諸島の農園で働いていた、鎖につながれた一群の黒人たちを未だに想像してしまいがちである。そして、ずっと昔に廃され、今や社会の歴史を学ぶ学生の興味をひくだけにすぎない、この地球における不名誉な過去のほんの一部にすぎないものと、我々は信じたがっている。だが、そうではないのだ。その変幻自在な形態により、奴隷制度とその類似行為は、人間による同じ人間に対する数多い弁護の余地のない残虐さと同じように、今日でも生き延びてきているのである。一九二六年に世界最初の真の人権条約として採択された奴隷条約（本書第四章参照）の条項は、二世代前にそうであったと同じように、今日でも重要かつ当面の問題なのである。

この条約は奴隷とは、「（その者に対して）所有権に伴う一部または全部の権能が行使される個人の地位または状態をいう」と定義している。しかし、これは、他人の労働を搾取する最も極端な形態にすぎない。これに並んで、債務奴隷、農奴、家財としての妻の売買、未亡人の相続、労働のための児童の売買、のような慣習的行為を含む苦役が存在している。これらはすべてが、世界中いたるところで行われ続けている。これらは、地方の慣習により堅固にされている場合もあるが、ほとんどの場合は、政府による効果的な保護を欠いていることによる犠牲者の経済的な必要性からくるものである。

これ以上のものとして、I.L.O.により「或る者が処罰の脅威の下に強要せられかつ右の者が自ら任意に申し出でたるに非ざる一切の労務」（強制労働に関する条約（第二九号）第二条一項……訳者注）と定義された「強制労働」と呼ばれるカテゴリーが存在している。ここでは、問題は、正当性の限界というものに近づいてきているといえる。もしも人々がすべての労働をできることならしたくない不愉快なものとみなしているとすれば、すべて労働というものは、「心ならずも」するものであり、ある「ペナルティー」――例えば、飢えとか、破産とか、ささやかな娯楽のために金が不足しているとか――の「威嚇」があってのみ、行われるということになるであろう。しかし、だからといって、それによって「強制労働」の概念から何らかの意味を奪うことはできない。なぜならば、あまりにも多くの強制労働が、あまりにも多くの場所でいろいろな形態をとって行われ続けているからである。そして、I.L.O.は、強制労働の限界というものをより詳しく定義するということに、有益な仕事を為してきている。実際問題として、奴隷制度と苦役は、二つの奴隷条約によって禁じられているのみならず、すべての関連一般人権条約——世界人権条約（第四条）、自由権規約（第八条）、ヨーロッパ人権条約（第四条）、米州人権条約（第六条）、アフリカ人権憲章（第五条）——によっても禁じられている。そして、拷問の場合と同じように、この禁止は絶対なものであり、かつ無条件なものである。いかなる制約も制限も存在しないし、戦争や公共の緊急事態時といえども権利の停止の余地は存在しない。

しかし、奴隷とか苦役には至らない強制労働というもっと限界的な場合には、その立場はむしろ異なっている。二つのI.L.O.条約（第二九号と第一〇五号）は別として、一般人権条約は、強制労働を禁じてはいるが、但し、それは以下のように注意深く起草された例外を認めたうえでである。

○　権限ある裁判所により課せられた拘禁刑の判決の一部をなす労働。
○　軍事的役務、または認められた良心的兵役拒否者によって、その立場からなされる役務。
○　全国的な緊急事態または災害の間になされる役務。
○　「市民としての通常の義務とされる」役務。

ストラスブルグの機関がこれらの定義の境について考察する機会は、きわめて少ない。例えば、*Iversen v. Norway* のケースにおいて、人権委員会は、ノルウェーの僻地に二年間配置された歯医者の訴えを却下したし、また、法律扶助制度に参加させられることに不平を持ち訴えてきたドイツ人弁護士と公証人は、さっさと片づけられている。

また、他人の性欲を満足させる目的で男女両性を搾取することに対して向けられた、「人身売買及び他人の売春からの搾取の禁止に関する国連条約」というものが存在している。

〈賃金及び労働条件〉

世界人権宣言は、その第二三条において、「すべての人は、……公正かつ有利な労働条件を確保……する権利を有する。すべて人は、いかなる差別をも受けることなく、同等の勤労に対し、同等の報酬を受ける権利を有する。勤労する者は、すべて、自己及び家族に対して人間の尊厳にふさわしい生活を保証する公正かつ有利な報酬を受け……ることができる」と宣言している。社会権規約は、もう少しだけ拡張してではあるが、この表現を真似ている。ヨーロッパ社会憲章は、同じ精神ではあるが（いつものように）むしろもっと詳しく、独自の表現をしている。

一見したところ、これは正確な定義を許さない、それゆえ法的に拘束する性質というものとは相容れない、あの非のうちどころのない趣旨の一つのように思われる。しかし、外観というものはここでも当てにはならない。これらの格調高い表現の背後には、政府間機関中最古のものであるI.L.O.により辛抱強くかつ成功裡になされた、ほぼ四分の三世紀にもわたる熱心で詳細な努力が存在するのである。そもそも発端は、女性が、嘲笑すべきわずかな手当のために、炭坑で鉱車を牽いたり、マッチ工場で毒ガスにやられた、産業革命の最も「悪しき古き時代」にまで遡る。その改善の必要性というものは広く認められてはいたが、問題は、安全というものは高くつくということであった。多くの開けた工場主たちは、喜んでこの出費を背負い込み、顧客に余分の出費を回すことを甘受した。しかし、それは、このようなひどい状態で生産を続けることに何ら良心の呵責も感じず、それゆえ、開かれた工場主とその労働者たちを失業させ破産と欠乏に追い込むような外国の競争者に、全市場をただでプレゼントするという結果にならないかぎりにおいて、という条件付きであった。それゆえに、解決策は、最小限の労働基準に関しての国際的合意というものの中に存在した。そして、このことは、結局のところI.L.O.が引き受けた仕事であった。

永年にわたり、I.L.O.は、多数の国が批准した一五〇を超える条約により、賃金と労働の条件及び職業上の安全と健康というような関連事項を規定することによって、労働法の国際基準というものの実質的な構築をなしてきている。そして、一般人権条約が「公正かつ有利な労働条件」を求めているとき、これらは、こういった充分に確立された専門的な国際基準を指しているのであり、もしも締約国が未だこういった基準を採用していない場合には、これを採用するよう呼びかけるだけである。

〈休息と余暇〉

「すべて人は、労働時間の合理的な制限及び定期的な有給休暇を含む休息及び余暇を持つ権利を有する。」つまり、世界人権宣言第二四条は、社会権規約とヨーロッパ社会憲章において、ちょっぴり拡げられただけである。

他の何ものにもまして、この条文は、「経済的及び社会的」権利を人権のカタログ中に含ませるという政策を嘲り非難する政治家や哲学者の頸羽を逆立てそうである。このような批判は、今日において、もはや人々が労働によりさっさと使い古しにされ労働者のごみ溜めに捨て札として捨てられて終わるというようなことがない、豊かな産業国においてのみ唱えられる傾向にあるのは確かである。しかし、これらの批判の基礎となっている理論上重要な点は、ロックやルソーの時代の古典的な「自然権」というものからは、有給休暇の権利を引き出すことは難しいと言われているということである。なぜならば、「自然権」は、たいした努力もせずに同僚を殺すとか、同僚を刑務所にぶち込むなどといったことをすることを禁ずるだけだったからである。週に四〇とか五〇時間しか働いていないのにまるまる一週間分の賃金を払うことは、社会が彼らに要求する権利などではない、それゆえに他の者のための「人の」権利のカテゴリーには入れることができない一つの犠牲的行為である、と思う使用者もいるかもしれないのである。

これは履行するには高くつき、それゆえ、これに対応する国家義務は相対的かつ漸進的であって、絶対的かつ即時的ではない――勿論、常に非差別という圧倒的な要請に従ってではあるが――権利の一つであるのは事実である。しかし、労働時間と休日に関し国際的基準がもしも存在しないならば、国家というものは、どの国が労働者から最大限の生産性を引き出すことができるかということに注目することで互いに競争を行うことに、ある種の強い動機を持ち続けていくであろう。そして、I.L.O.がこのような基準を打ち建ててから永い歳月がたつにもかかわらず、人権条約中にはこういった基準が組み込まれているにすぎないという現実は、このゆえなのである。もしも、ロックやルソーが、ディッケンズやトルストイの時代に生きていたか、あるいは、今日の最貧国を広く旅行したならば、このような権利を彼らのいう「自然」の権利中に含ませることに、それほど克服しがたいほどの困難さを見出したかどうかは疑わしい。しかし、ロックやルソーがそうしようとしまいと、この権利は今や存在しているのであり、世界中の多くの国は、富める国も貧しい国も共に、今やこの権利を尊重するよう国際法により拘束されている。

〈社会保障、社会扶助、そして社会福祉〉

もしもあなたが仕事を持っていて、生産した物を自身で用いることができるか、または、誰かがあなたの労働、または生産した物に相当の金額を払うとするならば、あなたは自分自身及び家族があれば家族を養っていくことができよう。しかし、誰もがそんなに幸運だというわけではない。病気であるかもしれないし、障害者かもしれない。また、連れ合いに死別したかもしれないし、働くには年をとり過ぎているかもしれない。作物は実らないかもしれないし、商品の供給者や顧客が破産するかもしれない。賃金労働者の場合には、失業するかもしれない。こういったことが、あなた自身の何らの落度なくして起こるかもしれない。では、それからいったいどうなるのであろうか。

世界人権宣言は、第二二条に「すべて人は、社会の一員として、社会保障を受ける権利を有し……」と、また、第二五条一項に「失業、疾病、心身障害、配偶者の死亡、老齢、その他の不可抗力による生活不能の場合に、保障を受ける権利を有する」と述べている。そして、社会権規約は、これを短くし、「……締約国は、社会保険その他の社会保障についてのすべての者の権利を認める」と述べているだけである。これとは対照的に、ヨーロッパ社会憲章は、このたった一つの権利を、非常に詳しく四ヵ条（第一二、一三、一四、一五条）にもわたって述べている。いつものごとくこれには理由がある。つまり、産業化されたヨーロッパは、恵まれない国民の面倒を見る余裕が充分にあり、それゆえに、いろいろな計画——社会保障、社会扶助、医療扶助、社会福祉サービス、職業訓練、リハビリテーション、社会復帰等——を創り出してきているのである。しかし、スペクトルの反対側の端にある社会権規約が最小公分母である最貧国にとっては、最も基本的な社会保障ですらも為す余裕があれば幸わせである。

しかし、ここでの主要なポイントというものは、今や充分に確立している。つまり、人類を悩ます災害により苛酷な状態に陥っている者たちは、助けなしに死ぬことを許されるべきではないということである。そして、この助けというものは、もはや恣意的な慈善によるものではない。これは、できうるかぎりのことを——差別せずに——集団としてそれ自体が行う義務を持っている全社会というものを代表している国家に対し、行使することのできる一つの権利なのである。そこには、やはり棘がある。

〈財　産〉

ジョン・ロックにとって、生命、自由そして財産は、人間の権利すべての中で、最も神聖なものであった。そして、アメリカの革命指導者たちは、最初ロックを踏襲しようとしたが、熟考の末、生命、自由そして幸福の追求というところに最終的に落ち着いたのである。

これとは異なる見解をとるものもいた。例えば、初期フランス社会主義者プルードン（Proudhon）は、「財産は、盗奪である」と言っている。その徹底的なまでの批難に心を乱されることなく、明らかに世界人権宣言第一七条は、「すべて人は、単独でまたは他の者と共同して財産を所有する権利を有する」と宣言し、その第二項に「何人も、ほしいままに自己の財産を奪われることはない」と付け加えている。もっと抑えたやり方で、ヨーロッパと米州の条約もまた、そのような権利を宣言している。そして、「財産権は保障される」という絶対的な表現により、アフリカ人権憲章もこれを宣言している。しかし、国連の両規約は共にこの権利には触れず、完全なる沈黙を守っている。

一見したところ、これは奇妙なことに思われる。全般的に、一般条約というものは、こういったことに関しては意見が一致するものである。何を強調するかとか、詳細な点はどうするか、という点に関しては異なってはいようが、全体としては、同じような表現で同じような権利を宣言するものだ。ではなぜ、国連において、財産に関しこのような恥じらいがあったのであろうか。結局のところ、誰もが、少なくともいくばくかの財産は手に入れたいものだ。そして、古典的な抑圧の形態の一つが、反対者から財産を奪うことである。勿論、その理由はここでもイデオロギー的なものである。マルクス主義者の科白《セリフ》によれば、財産所有者というものは、あくせく働いている大衆を搾取し、「所有により生活をしている」邪悪な資本家である。それゆえ、すべての生産財については、集団の利益のために、使用及び売却の権利というものは国家にのみ与えられ、もしも資本家の財産が没収されるとしても補償なしにされる。他方、自由主義のイデオロギーにおいては、国家というものは呪われた存在であり、財産を獲得することが出来るということは、節約や重労働や責任や個人の潜在的な全能力というものを開発するための主要な動機である。ヨーロッパ人も、アメリカ人も――そして今やアフリカ人もそうであるように思えるが――明らかに、後者の考えのほうを前者の考えよりも好んでいるようである。

それゆえ、この考えを、普遍的な（もしくは、少なくとも地域的な）人権の一つとして大切にしているのだ。しかし、ソ連圏及び他の「社会主義」の国を含む、より大きな世界においては、こういった公式化に二つ返事での賛同はできかねるものがある。それゆえに、代りに賢くも沈黙を守ることに賛同したのである。

「財産を所有する権利」というものが、この権利を扱っている条約において何らの制限をうけていないというわけではない。いやそれどころか、この権利にはかなりの条件が付けられている。ヨーロッパ人権条約も米州人権条約も、「所有権」(ownership)ということは一言もいわず、むしろ「使用」(use)と「享有」(enjoyment)と言っている。そして、財産を奪うとか使用を規制する場合に関して、両条約及びアフリカ人権条約は、「公共の利益」、「一般的利益」、「社会的利益」、「公共の必要」、「公益事業」というような、どの人権条約においても他の箇所には見られないものを理由として、他のいかなる権利及び自由の場合よりも遥かに広い介入の余地を国家や公的機関に与えている。要するに、「財産権」というものが何であれ、これらの条約においては、この権利は、他のいかなる権利より弱く保護されているのである。

そこで、すべての人権が共産主義者の陰謀だという右翼の疑惑は、「労働の権利」に関しては根拠がないということが証明されるように、「財産権」に関しても、全理論体系は資本主義の悪を維持する目的のためだけで描かれたのだとする、左翼の疑惑もまた根拠がないことが証明されるのである。

第十四章　正当な法と手続

本書第一部でみてきたように、正義（justice）の概念は人権の構造に深く関与している。これは、合法性（legality）をコントロールしている正当性（legitimacy）の概念の根底にあるものである。このことは、おそらく社会の全構成員に対し正当な行為をするよう奨励し、これらの者に対し行われた不正義に対して強制的な救済を与えることを想定して作成されている法律及びその執行を扱っている国際法典中の関係部分に、最も明白にみることができるであろう。

法の支配の下で人権を尊重する社会においては、個々人は、法が彼を権利と義務を有するものとして認め、彼が誰であれ、また、他者がどれほど強力であろうとも、彼を他者と同じように扱うであろうと期待する権利がある。彼はまた、まき込まれたいかなる法律紛争においても——原告としてであれ、被告としてであれ、また、他者に対してであれ、会社に対してであれ、労働組合に対してであれ、または国家自体に対してであれ——公平で独立した、そして、そこでは、相手方と同じ弁護手段を有し、必要ならばすぐれた法律補助者と代理人を有する、裁判所と裁判官により、公平な手続によって判決を下されるであろうと期待できる。

ここに、問題とされるところのものは、あまりにも長きにわたり誰もに身近なものであり続けてきた。歴史上、他者の犠牲の上に、一つのカーストとか、階級とか、特権集団に有利であった法律の例というものは数多い。——例えば、新権力者によりしばしば行われた行為時には合法的であったことを、その後に罰するために遡及効果を及ぼすべく作られた法律・臆病にも、国家や与党に従属する裁判所、裁判官、法律家・証拠の提出されるずっと以前に、ある者たちを有罪とする推定・意見を異にする反体制の者たちに対し、無理強いもしくは偽造による「自白」によって課す捏造による刑事処罰・被告人は弁護する充分な機会を与えられず、また、誰もが裁判の始まるずっと前から、評決の結果とか、法廷における証拠や議論には何ら関係なく、判決が既に決まっているということを知っている、しばしば特定の機会のために召集された裁判所によってなされる、欺瞞のまたは秘密の、もしくは「見世物」の裁判——要するに、合法性という偽りの口実のもとに為される圧制と迫害である。国際法典の条項が向けられているのは、こういった問題点についてである。こういったことからの保護というものは高くつくかもしれないけれども、国家の義務は絶対的かつ即時的なものである。

〈法の下での認知及び平等〉

世界人権宣言は、第六条で「すべて人は、いかなる場所においても、法の下において、人として認められる権利を有する」と述べている。そして、次の第七条においては、「すべての人は、法の下において平等であり、また、いかなる差別もなしに法の平等な保護を受ける権利を有する」と続けている。——これらは、ほとんど同じ表現でもって、自由権規約（第一四条一項、一六条及び二六条）、米州人権条約（第三条および二四条）、アフリカ人権憲章（第三条及び五条）に繰り返されている。面白いことに、ヨーロッパ人権条約はこれを除外している。それは、多分ヨーロッパ人権条約の起草者たちが、あまりにも自明なことだから述べるには値しないと考えたからであろう。

アメリカ合衆国の歴史を学ぶ者は、「平等な保護」に関する、あの有名なフレーズに気づくであろう。

これは、解放されたばかりの黒人を差別する法律を通すことによって、南北戦争に破れたアメリカ南部連邦が裏口から奴隷制度を復活させることがおきないよう保証するために、非常な議論の末に南北戦争後通されたアメリカ合衆国憲法修正第一四条に由来するものである。それゆえ、これは、各州に対し「その管轄内にある何人に対しても、法の平等な保護を拒む」ことを禁じている。そして、この表現は、北アメリカにその源を発するとはいえ、以来、多くの国の憲法中に見出される。それゆえ、これについては、アメリカ合衆国最高裁判所によるだけでなく、他のいくつかの国の、特に、インドの最高裁判所によって豊富な解釈がなされている。

自由権規約も、米州人権条約も、アフリカ人権憲章も、たとえ戦争や公共の緊急事態のときでさえも、この権利に対するいかなる権利の停止も許さない。

〈遡及法〉

世界人権宣言第一一条二項は、このテーマについては、以下のように述べている。

「何人も、実行の時に国内法または国際法により犯罪を構成しなかった作為または不作為のために有罪とされることはない。また、犯罪が行われた時に適用される刑罰より重い刑罰を科せられない。」

すべての条約が、上記の規定をほとんど同じ表現で繰り返している。自由権規約では、第一五条。ヨーロッパ人権条約では、第七条。米州人権条約では、第九条。アフリカ人権憲章では、第七条二項。

そしてその上、自由権規約と米州人権条約は、犯罪が行われた後に、もしもそれに対する刑罰が軽くなったら、罪を犯した者はその軽減の利益を与えられなくてはならない、という規定を付け加えている。

現在では、これらの規定に関するストラスブルグの判例法には、かなりの学ぶものがある。また、アメリカ合衆国憲法にも、「事後法」(ex post facto law) に関し似たような条文があるから、この分野においても、また、アメリカ合衆国裁判所の判決が多く存在する。

どの条約も、戦争や公共の緊急事態の時に、この権利に対するいかなる権利の停止も許さない。

〈公平な裁判〉

世界人権宣言第一〇条は、この概念を次のように要約している。

「すべて人は、自己の権利及び義務並びに自己に対する刑事責任が決定されるに当たって、独立の公平な裁判所による公正な公開の審理を受けることについて完全に平等の権利を有する。」

ほとんどの一般条約は、これを繰り返している。自由権規約では、第一四条一項。ヨーロッパ人権条約では、第六条一項。米州人権条約では、第八条一項。アフリカ人権憲章では、第七条一項と二六条。そして、これらの条約は、すべてが以下のような追加を行っている。裁判所は、「法律によって設けられ」(「あらかじめ」と、米州人権規約は警告している)、「権限ある」(ヨーロッパ人権条約の規定では除いてあるが) ものでなくてはならない。そして、審理は「妥当な期間内に」(これは、自由権規約が無視している点の一つである。規約は、この条件は、第九条三項において抑留された者に対してのみ与えている)

行われなくてはならない。アフリカ人権憲章は、公平さ、独立性、妥当な期間には賛同しているが、審理は公正とか公開である必要があるとは言っていない。公開性に関しては、自由権規約とヨーロッパ人権条約は、いくつかの例外的な制限を(例えば、少年に関する事件の場合)許しているし、米州人権条約は、刑事裁判にのみ公開性を求めている。

これらの規定に関しては、権限ある国際機関に対し、法典中の他のほとんどの規定に対してよりも多くの訴訟が為されている。その結果、今やヨーロッパ人権委員会及び裁判所、そして、米州人権委員会による判例報告書には、これらの規定に関する解釈が豊富に存在している。例えば、先駆的な判例である *Golder v. United Kingdom* (看守の一人を文書誹毀罪で訴えるために弁護士に相談することが許されなかった囚人のケース)では、ヨーロッパ人権裁判所は、これらの規定から、「裁判所へアクセスする権利」を引き出した。そして、更に裁判所は *Airey v. Ireland* (可哀そうな妻が、夫から裁判上の離婚を得ようとしたケース)では、弁護士が必要なのにもかかわらず雇う余裕のない人に対して、重要な民事事件にまで法律扶助の権利を拡げた。また、何が「民事上の権利及び義務の決定」というものを構成するか——特に、個人の権利及び利益に影響を与える行政機関の決定は、この規定に該当するか否か——、という疑問については多くの事例が存在している。それは、法による支配に基づいて人権を監視し保護していると主張する国家は、正義というものが国の裁判法廷において実現されるだけではなく、役人が裁量権を行使している時にも行われることを保証すべきである、ということがますます論じられてきていることによる。

ヨーロッパの機関は、また、司法手続において、特に国家の代理人たる検事が一般的に非常に有利に行うことのできる刑事手続では、「当事者平等の原則」(doctrine of equality of arms 武器平等の原則ともいう……訳者注) という重要な理論を発展させてきた。

〈被告人の権利〉

こういった検事の有利さゆえに、国際法典は、刑事被告人に特別の権利を保証する規定を置いている。例えば、世界人権宣言第一一条一項は以下のように述べている。「犯罪の訴追を受けた者は、すべて、自己の弁護に必要なすべての保障を与えられた公開の裁判において法律に従って有罪の立証があるまでは、無罪と推定される権利を有する。」

他の条約は、無実の推定については、これを拡張することなく単に繰り返しているだけである。しかし、すべての条約が、「自己の弁護に必要な保障」というものを、被告人が与えられなくてはならない最小限の権利の充分にして詳細なカタログにまで拡げてきている(アフリカ人権憲章の規定は、ここでは、他の条約の規定よりもむしろ軽いものである)。こういったカタログは、以下のような権利を含んでいる。

○　告訴されている事実について、詳細に告げられること。
○　自己の弁護の準備のために、充分な時間と便宜を持つこと。
○　自ら、または、もしも支払う余裕がなければ支払う必要のない自己自身の選択する弁護士によって、自己を弁護すること。
○　自己に不利なすべての証人を尋問し、自己の証人を審理してもらうこと。

○　必要ならば、無料の通訳を持つこと。
○　自己に不利益な証拠を提出しなくてもよいこと。
○　有罪判決に対し、上級審に上訴すること。
○　最終的に有罪または無罪となったならば、同じ犯罪で再び裁かれないこと。

全く異なった状況下での、そして、多くの異なった刑事手続を持つ国家制度の下においての、これらの権利の正確な射程距離についての疑問は、再び、これらの条約を解釈し適用する責任のある国際機関に非常に多くの事例をもたらしてきた。そしてそれゆえに、今やこの点に関しても、非常に豊富な判例法というものが存在している。実際、ヨーロッパの制度下において、幾つかの国――特に、西ドイツとオーストリア――は、ヨーロッパ人権条約の締約国としての義務を充たすために、ストラスブルグの機関の決定に従って、自国の刑事手続に重要な変更を行わなくてはならなかった。これは、いかに国際人権法というものが実際に機能するように作られることができるかということの、すばらしい例の一つである。

〈誤　審〉

人間は過ちを犯しやすいものだから、たとえ最もうまく作られた刑事裁判制度でさえも時には失敗し、無実の者が有罪となるという結果になりうる（勿論、これが取り消すことのできない死刑に対する、最も有力な反論の一つである）。こういう場合に対し、二つの条約（自由権規約では、第一四条六項、米州人権条約では、第一〇条）は、単なる自由裁量による賠償ではなく、明確に定めた法に従って補償を受ける権利というものが存在しなくてはならないと規定している。これは、イギリスが未だ自国の法律を、国際的義務に従わせていない箇所の一つである。なぜならば、イギリスではこのような賠償は、未だ内務大臣の自由裁量事項であり、たとえ完全な恩赦があろうとも、いかなる賠償も単に任意に支払われるだけのものであるから。

第十五章　精神的自由

聖書が我々に告げている(新旧両聖書において)ように、人はパンだけで生きるものではなく、「神の口から出る一つ一つの言葉で」生きるものである（マタイによる福音書第四章四……訳者注)。食料、水、住居、服というような肉体が入用とするものが満たされるや否や、人間はすぐに——地球上の生き物の中で、人間だけが持っていると信じている——感情的で、知的で、精神的なものを必要とし始めるというのは、確かにそのとおりである。これらには、好奇心を満足させ、まわりの環境について知識を得、信念とか宗教とかイデオロギーとか世界観などについて、秩序だった体系を構築し、他人と知識や思想、意見などを交換し、他人の経験から学び、科学上、芸術上、そして、文化上貢献すること、などが含まれている。こういったことすべてにおいて、選択の自由、自律、独立、己れの尊厳さに対する他人の尊敬、というものに対する強い要求を人は示しているのである。

しかし——またも、生き物の中ではユニークだが——こういう活動は、今に至るも互いに憎しみをもたらすという機会を、人間により与えているようにも思われる。我々人間は、単に物質的なもの特に供給の少ないものに対する競い合いにおいて、互いに抑圧や迫害や搾取や剝奪を行いがちであるというだけでなく、自分たちとは異なった意見や信念やイデオロギーを有しているという理由でも、他人を迫害しがちなものである。一度として迫害を受けなかった宗教とか政治的イデオロギーというものは、一つとして存在しない。それでいて、もしこういった宗教とかイデオロギーが強力な力を持つことに成功すると、それ自身他の宗教とかイデオロギーを迫害し始めるということはそれほど珍しいことではない。人間には、理屈や説得や譬えでもって己れの見解を他人に納得させようとすることには満足せず、時には、拷問とか殺人、そして大量殺人にまで至ることがある威圧によって、この目的を達成しようとする困った性癖がある。

情報交換に関してはというと、我々の持っている他人のことに対する好奇心というものは、自分のことに対する秘密主義とほとんど釣り合っているように思われる。政府は特に秘密のベールの陰で行動したがり、政治的プロパガンダの形をとって政府についての選り抜きの情報を流したがるが、批判はいかなる類のものであれ、政府の行為についての質問についてさえも言うまでもなく、偏執的なまでに気にしがちである。そのうえ、政府の政策に反対する人たちがこの反対を効果あるものにするには互いに連結を取り合わなくてはならないから、政府がこのような情報の伝達を禁ずるのに関心があるのは当然である。そして、政府は、しばしばこの目的を達成することのできる権限を持っているのである。

それゆえ、この分野における問題は、世界中至る処において、今もってあまりにも馴染み深いものである。例えば、報道管制、焚書、政府の管理による教育と報道、反対意見を持つ者に対するいやがらせ、「国家を中傷した」者の投獄またはそれ以上の処置、秘かな監視、盗聴と信書の妨害、科学、芸術、知的かつ文化的活動一般への国家よりの統制など。国際法典中この章に関連した規定が向けられているのは、これらに対してである。

〈思想、良心、及び宗教〉

世界人権宣言第一八条は、次のように規定している。

「すべて人は、思想、良心及び宗教の自由に対する権利を有する。この権利は、宗教または信念を変更する自由並びに単独でまた他の者と共同して、公的にまたは私的に、布教、行事、礼拝及び儀式によって宗教または信念を表明する自由を含む。」

条約中三つ——自由権規約（第一八条）、ヨーロッパ人権条約（第九条）、米州人権条約（第一二条）——は、この文言をしっかりとみならっている。その上、法律によって定められていてかつ「必要な」——ヨーロッパ人権条約の場合だけ「民主的社会において」——限りにおいての、宗教または信念の表明に対する、公の安全、公の秩序、公衆の衛生、若しくは道徳または他人の権利及び自由の保護のためからの通常の制限についても述べている。アフリカ人権憲章は、第八章に、これについてはもっと簡単に述べている。

これに付け加えて、自由権規約第二〇条二項は、「差別、敵意または暴力の煽動となる宗教的憎悪の唱道は、法律で禁止する」と規定している。そして、第二七条では、宗教的少数民族が存在する国においては、その少数民族に属する者は「その集団の他の構成員とともに……自己の宗教を信仰しかつ実践……する権利を否定されない」と述べている（本書第十八章参照）。

これらの規定の背後には、何世紀にもわたる紛争をなお見ることができる。西ヨーロッパにおいては、宗教改革と反宗教改革の間において、男も女も信仰のために拷問され、火あぶりの刑に処せられ、絞首刑にされ、頭を切り落とされた。そして、これに続く啓蒙運動の時代においてすらも、「自由思想家」(free-thinker)は、多くの場所で迫害され続けたのである。いや、未だこれらすべてが過去の出来事というわけではない。例えば、イギリスにおいては、今日でも君主はプロテスタントでなくてはならないし、また、プロテスタントとのみ結婚できるのである。また、大法官が、カソリック教徒でなくてもよくなったのは、ほんの一九七四年からにすぎない。もっとも、これらはほんの数人に影響を与えるにすぎないことである。しかし、こんなことよりもずっと拡がっている宗教的差別というものは、処によっては公然たる迫害をもたらし、なお世界中多くの処に生き長らえ、現実には再び増えてきてさえいる。

この問題についてもまた、ストラスブルグの豊富な法判断が存在している。例えば、*Arrowsmith v. United Kingdom* についての決定では、戦争反対の哲学は、思想及び良心の自由への権利の範囲内に含まれるとされ、また、*X v. United Kingdom* についての決定では、シーク教徒といえども、たとえ、それが宗教上つけることを求められているターバンを外さなくてはならないということを意味するとしても、オートバイに乗るときには、公衆の衛生を保護するためにヘルメットを着用することが法律によって求められている、とされた。また米州委員会は、ソモザ政権の時代の、宗教的動機や信念に基づいた政治的プロパガンダを禁じ宗教界よりの政府や法律や公務員に対する批判を禁じた、ニカラグア憲法の規定を批難している。

ここでの国家の義務は絶対的かつ即時的なものであり、ヨーロッパ人権条約のみが、戦争や公共の緊急事態における権利の停止を許している。

〈情報や思想の交換〉
世界人権宣言の規定中、多分最も頻繁に引用されるのは、第一九条であろう。
「すべて人は、意見及び表現の自由に対する権利を有する。この権利は、干渉を受けることなく自己の意見をもつ自由並びにあらゆる手段により、また、国境を越えると否とにかかわりなく、情報及び思想を求め、受け、及び伝える自由を含む。」

米州人権宣言は、第四条に、これとすこし違った表現をしている。
「すべての者は、あらゆる手段による研究、意見、及び思想の表現並びに普及の自由についての権利を有する。」

ここでもまた、自由権規約（第一九条）と、ヨーロッパ及び米州の人権条約（各々、第一〇条と第一三条に）の規定の文言は、世界人権宣言をしっかりと真似ているのである。そして、自由権規約と米州人権条約は共に、「あらゆる手段により」という語句は、口頭、手書き、印刷によってとか、芸術の形態をとることでとか、または、自由に選択した他のいかなる方法を通じてでも、ということを意味していると説明している。

対照的に、アフリカ人権宣言は非常に簡略で、第九条に単に「すべての個人は、情報を受ける権利を有する」「すべての個人は、法律の範囲内において自己の意思を表現し、かつ拡める権利を有する」と述べているだけである。

ヨーロッパにおいては「言論の自由」のための闘いは、少なくとも十七世紀以来続いている。勿論最初は、宗教的信仰の自由のための闘いに密接に結びついていたのだが。この闘いの進展は、以下の事実からも推し測れよう。一六八八年のイギリスの権利の章典は、「国会における言論及び討論または議事手続の自由は、国会以外のいかなる裁判所または場所においても、批難されまたは問題にされてはならない」と主張し、国会議員をのみ保護しようとした。他方一七九一年には、アメリカ合衆国の権利章典のまさに第一条――有名な修正第一条――は「連邦議会は……言論または出版の自由を制限する法律……を制定してはならない」と規定して一般大衆を議員から守ろうとしていた。

しかし、今日、国際法典における表現の自由に対する国家義務は絶対的かつ即時的であるとはいえ、実際に保護されている自由は絶対的とは程遠いものである。まず、戦争や公共の緊急事態のときは、この自由を規制する措置をとることができる。勿論、事態の緊急性が真に必要とする限度においてではあるが。またこれは、制限ということによっても狭められている。とりわけ、ヨーロッパ人権条約の場合には、この条約が保証している他の権利や自由のいずれよりも多くの制限がなされている。つまり、そこでは、民主的社会において必要なため法律が保護しようとしている利益の通常のカタログに、領土保全、他人の名声の保護、秘密に受けた情報の暴露を防止すること、司法機関の権威と公平さを維持すること、という四つを付け加えている。米州人権条約（第一三条）のみが、明白に「事前検閲」（青少年者を道徳的に保護するために公共の娯楽へのアクセスを規制する目的のみの場合を除き）を禁止している。そして、それに加えて、以下のような独特の重要な一項を挿入している。

「表現の権利は、新聞の印刷、ラジオの周波数または情報の普及に用いられる設備に対する政府の若しくは私的な管理の濫用のような間接的な方法または手段によっても、若しくは考え及び意見の伝達または流通を妨げるおそれのあるその他のいかなる手段によっても、制限されることはない。」

この問題については、勿論、ストラスブルグによるものだけではなく、多くの国の最高裁判所や憲法裁判所の――特に、ほとんど二〇〇年にわたり、修正第一条を適用、解釈してきたアメリカ合衆国最高裁判所による――巨大な法体系というものが存在している。大雑把に言うと、この法体系は、今日人が予期するであろうものを付け加えている。言論の自由、表現の自由そして報道の自由は、自由な、開かれた、民主的な社会の重要な基礎をなしてきている。これらの自由は、政府や他の公的機関の、権利の濫用や汚職や無能を市民に気づかせることにより、為政者のやりすぎを抑制するために必要なものである。これらの自由は、すべての人に関係のある政策とか争点が平和裡に解決策に到達するよう尽力している。また、相異なる思想、哲学、政治的イデオロギーなどの間に、自由でオープンな競争を奨励することにも尽くしている。そして、これらはまた、すべての個々人の知的かつ精神的な発達のためにも必要とされているのである。そして、*Handyside v. United Kingdom* と *Sunday Times v. United Kingdom* の二つのケースにおいて、ヨーロッパ人権裁判所は、アメリカ合衆国最高裁判所が既にしばしばそうしたように、情報や思想を伝える自由というものは、好意的に受けとめられるものや、悪意のないものとみなされるものや、どうでもよいこととみなされるものにのみ限られるものではなく、国や一般人をも傷つけ、ショックを与え、悩ませるようなものにも及ぶものだということを思い出させている。

制約と制限については、充分に注意して吟味しなくてはならない。これらは、以下の場合にのみ許されるであろう。つまり、これらなしには、考慮中の表現の自由に関する特定の行為が明確で差し迫った公共の危険——劇場で偽って「火事だ！」と叫び、大混乱を引き起こした男についての、有名な *Schenck v. United States* のケースにおける、偉大なアメリカ最高裁判所判事オリヴァー・ヴェンデル・ホームズ（Oliver Wendell Holmes）が述べた、頻繁に引用される例におけるような——を引き起こすとか、国の安全に関する真の利害を守るためとか、不当に中傷された者に償うためとか、その他の条約中に特に記載されている理由のためにされる場合にのみである。

「司法の権威と公平さ」を守ることに対するヨーロッパ人権条約の関心は、特に、裁判という法手続の進行中、一方当事者に対し新聞がキャンペーンという形で行う「法廷侮辱罪」を防ぐ目的を持った法律というものの必要性を反映している。例えば、刑事事件における陪審員は、もしも、被告人が大酒を飲んだり、妻を殴ったり、隣人を侮辱したり、または、幾つかの犯罪歴が過去にあるということを新聞で既に読んでいたならば、たとえこれらはこの被告人の現在の犯罪には全く筋違いなこととはいえ、不公平にも偏見を持つ可能性があるだろう。また、「性の偏執狂遂に逮捕される」という見出しに次いで被疑者の名前と写真が載っている新聞は、この被疑者のいわゆる面通し（identification parade）の公平さを損ったり、真の犯人は彼か否かを決めるに際し陪審員に予見を与えることになろう。しかし、"*Sunday Times*"のケースにおいて、ヨーロッパ人権裁判所は、一般大衆は法廷で何が起きているかを知る権利を有し、報道機関はその情報を伝える務めがあるのであり、それゆえに、法廷侮辱罪に関するいかなる法といえども、誤審の実在する危険を避けるために必要なものに関する場合にのみに厳しく制限されるべきだ、ということを明確にしている。

ところで、ここには、見たところあたかも譲り渡すことができるような権利というものがある。例えば、医者と患者の間の事とか、使用者の商売上の事とか、軍事研究の事のように、ある者にとり他人の秘密を守ることを保証することが明らかに正当である場合、というものが存在するからである。しかし、このような表現の自由に対しての任意に受忍された制約というものは、ある特定の例外、例えば、「他人の権利」のためという例外に該当する、というのが多分正しい分析であろう。

〈教育と訓練〉

世界人権宣言第二六条は、「すべて人は、教育を受ける権利を有する」と述べ、次いで、初等教育は義務的でなければならず、そして、少なくとも初等の及び基礎的段階の教育は、無償でなければならない、と続けている。そして、「技術教育及び職業教育は、一般に利用できるものでなければならず、また、高等教育は、能力に応じ、すべての者に均しく開放されていなければならない」とする。それに続き教育の目的に関し、全く例外的な一節が置かれている。つまり、「親は、子に与える教育の種類を選択する優先的権利を有する」のである。

世界の多くの貧しい国にとって、これはできない相談である。それゆえに、教育に関する重要な条約の各項が、自由権規約や米州人権条約のような絶対的かつ即時的な義務を課すのではなく、むしろ、相対的かつ漸進的な義務を課すだけの、社会権規約第一三条、一四条及びヨーロッパ社会憲章第九条、一〇条という箇所に見つけられるのは自明であろう（この教育に関する分野において、唯一の絶対的かつ即時的な義務は、「何人も教育を受ける権利を否定されない」と規定しているヨーロッパ人権条約第一議定書によるものだけである)。しかし、これらの条約における規定は、本書付録を参照すればわかるように、非常に詳細かつ明確なものである。特に、金持ちで権力を有する者たちの怠け者で馬鹿な息子たちは大学への入学が許可されるのに、貧乏人や皮膚の色が異なる者の娘たちとか、親の政治的信念とか労働組合活動が地位の高い所にいる誰かの逆鱗に触れた娘たちが、いかに賢くかつやる気があろうとも大学から排除される——今なお、世界各地で起こっているように——というようなことが起こるのを防ぐために作られた非差別条項は、特にそのよい例と言えるのである。

もっとも、自由権規約と米州人権条約も、教育について全くの沈黙を守っているというわけではない。共に、——ヨーロッパ人権条約第一議定書のように——宗教や道徳または「哲学」(ヨーロッパの場合)の領域においては、両親に、信念に従って子供たちを教育するよう求める権利を与えている規定を一ヵ条設けている(自由権規約第一八条四項、米州人権条約第一二条四項参照……訳者注)。これらの条文は、こういった分野においてはこういった権利を認めておかないと国家が学校教育において教化を行いたいという誘惑にかられるので、それを制限するために設けられているのである。ストラスブルグの機関(委員会と裁判所)は、公立学校において用いられる言語に関する訴え(*Belgian linguistic* ケース)、性教育関する訴え(デンマークの *Kjeldsen* ケース)、体罰に関する訴え(スコットランドの *Cambell and Cosans* ケース)というようなものに、何度かこの規定を適用している。また、人権委員会(Committee)に訴えられた *Hartikainen* ケースの結果として、フィンランドは、宗教教育のやり方を変更した。

注として付け加えるならば、教育を受ける権利は、権利を有する者に積極的に何かをすることを強要する唯一の人権であるように思われる。そして、ここでは特に、権利と自由の間に一つの真の区別というものが存在しているように思われる。

〈文化、芸術、そして科学〉

世界人権宣言は、第二七条に「すべて人は、自由に社会の文化生活に参加し、芸術を鑑賞し及び科学の進歩とその恩恵とにあずかる権利を有する」と我々に教えている。そして、すべて人は「その創作した科学的、文学的または芸術的作品から生ずる精神的及び物質的利益を保護される権利を有する」と続けている。

教育を受ける権利とは異なり、これらの権利が、なぜ絶対的かつ即時的な国家義務の対象ではなくて、単なる相対的かつ漸進的な国家義務の対象であるにすぎないかは明白であるとはいえない。結局のところ、こういった権利は、単に国家に対して、いかなる文化、芸術または科学に関しても、国民がいかなる役割であれ好きなように演ずることを妨げないよう求め、そしてまた、不当な利益を得るために他人の知的または芸術的作品の著作権を侵害することのないよう保証するために、通常の特許法とか著作権法を実施することを求めるだけのものである。しかし、アフリカ人権憲章第一七条二項に、すこしだけ触れてあるのを除くと、この世界人権宣言の条文を反映させている条約の規定というものは、社会権規約第一五条のみである。だが、この条文は、すべての科学者及び芸術家にとって、非常に重要な以下のような一節を付け加えている。「この規約の締約国は、科学研究及び創作活動に不可欠な自由を尊重することを約束する。」

確かに、科学や芸術には国境はない。しかし、今までのところ、この事実を認めた拘束力ある国際法上の規定というものは、この一ヵ条だけである。

〈プライヴァシー、名誉、そして信用〉

世界人権宣言第一二条は、次のように規定している。

「何人も、自己の私事、家族、家庭若しくは通信に対して、ほしいままに干渉され、または名誉及び信用に対して攻撃を受けることはない。人はすべて、このような干渉または攻撃に対して法の保護を受ける権利を有する。」

特に、こういった主張を拘束力ある国家義務というものに移行させる方法は、広く条約によって異なっている。自由権規約第一七条は、宣言の文言をほとんどそっくり真似ていて、ただ「不法に」という言葉を、一度目は「恣意的な」干渉に代わるものとして、二度目は攻撃を限定するために、付け加えているのみである。米州人権宣言第一一条(米州人権条約の誤り……訳者注)は、名誉と信用に尊厳を付け加え、自由権規約第一七条の最初に用いられている「不法に」という表現の代りに「侮辱的に」という表現を挿入し、また、この条約に独特のものとして、不正確なまたは攻撃的な公の言明に対する公の回答権というものを付け加えている(第一四条参照……訳者注)。これに対し、ヨーロッパ人権条約は、第八条でかなり異なった方法を採用している。ここでは、「恣意的な」とか「不法な」とか、「侮辱的な」干渉にだけ限定するのではなく、まず、「何人も、その私的な家庭の生活、住居及び通信の尊重を受ける権利を有する」と宣言する。そして、次いで、この権利を行使するに際しては、通常の正当な価値――ここでは、「国の経済的福利」を付け加えている――を守るために、公的機関による――スキャンダルを追い求めるジャーナリストのような者によるものではなく――干渉を許す、と続けているのである。

これは全く難しい問題の一つである。なぜならば、現代のような技術革新の時代においては、十八世紀に「臣民の自由」を侵害するものとみなされていた多くの事柄――官憲による文書の捜査及び押収のような――は、プライヴァシーの侵害とみなされている。そして、「自由」(liberty)という語は、今日ではもっと狭く、逮捕、抑留、その他の自由な行動への制約からの「身体的」自由というものに限定されてきている。

それだけではない。しかじかの事についてはプライヴァシーを尊重してほしい、というものが今や多く存在している。そして、自己の尊厳性とか自律性とか完全性のためには、複雑かつ官僚的に規制された今日の世界においては、実際できるかぎりこの望みがかなえられることが重要である。しかし、いつもそうであることが出来るとは限らない。例えば、爆弾を仕掛けることとか強盗とかについての計画や、大衆を相手にやらかしている詐欺行為とか収賄をしていることとか、また、私の犬が狂犬病にかかったこととか、私が腸チフスに罹ったことなどを、内緒にしておきたいと切に願ったとしても、それはできない相談である。ヨーロッパ人権条約が正しくも認めているように、他人の利益を守るために、プライヴァシーが道を譲らなくてはならない場合がある。それゆえに、実際のところ、これに関する規定は、「恣意的な」とか「不法な」とか「侮辱的な」というような言葉を用いることを好んでいるのである。ここで、「恣意的な」という言葉は、合理的な法則性には何らの関係もないもので、単なる気紛れのということを意味する。また、もしも国家が、そもそもプライヴァシー侵害をカヴァーするに充分なまでに幅広いかもしくは柔軟性に富んだ法律を制定したら、そのときには国家に最も広くかつ不要なプライヴァシーの侵害を犯すことを許すことが出来るのであるから、「不法な」という言葉は、潜在的に循環した意味内容を有しているといえる。

勿論、ヨーロッパ人権条約は、こういった干渉は、「法律に合致し」、かつ、その守るべき価値を擁護するために「民主的社会において必要である」もののみを許している。そして、このことは、電話の盗聴に関する二つの事件においてよく示されている。西ドイツにおける *Klass* ケースにおいては、ヨーロッパ人権裁判所は、若干の躊躇はあるものの、テロリストの狂暴な攻撃にさらされている国家に対し、容疑者の電話を盗聴する権利を与えた。しかし、これは、裁判所が「この生得的な威嚇行為」と呼ぶ盗聴行為は、無辜の人に対し重要な防禦策を与えている西ドイツの法律によって厳密に規制されているがゆえであった。それに対して、イギリスにおける *Malone* ケースにおいては、裁判所は、イギリスの国内法がこの問題については「いまひとつ不明瞭」であり、当局に市民の電話を盗聴させるにつき、合理的な明快さでもってその裁量権の行使の範囲や手段について示していないことに気付いた。それゆえに、「民主的社会において、法による支配の下で市民が当然に有する最低限度の法の保護」が欠けているという理由により、この判決は、イギリス政府に不利なものとなった。そして、それがゆえに、この判決は、適当な保護策を与える新しい立法を行わさせた。

ヨーロッパ人権条約の本条文は、しばしば訴訟において、原告によって関連の他条文に代わるものとして提示され、その結果、法体系が拡がってきているこの分野にとって実り豊かな法源となっている。こういった訴えを終結させるに際して、ストラスブルグの機関は、この権利が守っている主概念すべて――「私的な」「家庭」の生活とか、「住居」及び「通信」――に、幅広い解釈を行ってきている。そして、プライヴァシーの権利を、すべての権利の根底に横たわる、個人の尊厳性、自律性、独立性、完全性への尊敬という根本原則を支えるために、ヨーロッパ人権条約における他の権利を守るための重要な添加物として発展させてきているのである。ヨーロッパ審議会もまた、「個人の情報を機械的に処理する際の個人の保護に関する条約」を採択した。この条約は、締約国に対し、公的権力及び私企業の双方によるコンピューター化された情報保存のコントロールということに関し、国内法を制定するように重要な圧力をかけている。

この権利に対する国家の義務は、絶対的でありかつ即時的なものである。しかし、戦争や公共の緊急事態の場合には、この権利の一時停止は許されている。

第十六章　団　結

アダムが一人で行えることは、ほとんどなかった。ほとんどすべての行為は、それが仕事であろうと、遊びであろうと、いくらかでもうまくいくことを期待するなら、他人の協力というものが必要である。ひと（*Homo sapiens*）は、高度に協力的な種であり、これが実際のところ、生物学上成功した主要因の一つである。ひとは、同じロープを幾人かで引っ張ることによって個々人の力を足すことができ、それによって自分たちより遥かに重い物を持ち上げることができるという事を学んできたのみならず、いかにして個々人の異なる技能を出し合い、誰一人として一人では作り出せなかった新しい物を作り出すことが出来るかということも学んできたのである。

それゆえに、個々人が目的を達成するためには、集まってグループを形成するということが自由にできなくてはならない。これは、家族、村、クラブ、社会、組合、会社、労働組合、運動、政党、国家を問わない。このような集合体には、これを形成する一人一人が発揮できるよりも遥かに大きな力が潜んでいる。しかしまた、この力は、一人では全く無力な個人に対して向けられるとき、まさに、非常な脅威となり得るのである。

政府というものは、このことを充分に弁えている。建設的な目的のために互いに協力して個々人が目的の一層の促進をめざすことを可能にするためには、政府はこういったグループを助長しなくてはならない。しかしまた、破壊的な目的を追求するようなグループから個々人を守るためには、政府はその活動を規制しなくてはならない。ここでの問題は明確である。何が建設的で何が破壊的か、何が助長されなくてはならないものであり、何が規制されなくてはならないものか――そして、何が禁じられなくてはならないものか――ということをどうやって決めるのか、という問題である。明らかに、極端に破壊的なグループの例ではあるけれども、暴動やリンチに対しては法律が存在しなくてはならない。またこれと同じように、組織的犯罪や旅券詐欺とか会社の発起人による詐欺行為に対する法律も――実際に一般的に不法な目的を達成するためになされる共謀に対する――なくてはならないものである。

しかし、現政権を――次の選挙において、または、それ以前において――権力の座から追放するために形成された政党はいったいどうなのであろうか。また、使用者の収益を減らし、もしも労働者の要求を呑まなかったら共に失業させかねないストライキの脅しの下に、賃金や労働条件の改善を強いるために組織された労働組合はどうであろうか。また、価格を一定に保つために形成された商人のカルテルなどはどうであろうか。これらは不法な目的であるというべきだろうか。

ここにも再び問題が存在している。政権の座にある政府は、いかにしても政治的対立者の力を削ぎたいのであり、このための確実な方法の一つは、個々人が一緒になって反対勢力を形成することを防ぐことである。政府と意見を異にする者たちを遥か遠い僻地に追いやったり、会合は今更いうまでもなく複数の者が集まることさえも刑事犯罪としてしまう「禁止命令」を出す国があるのは、これゆえなのである。また、政府は、経済面においても、特定の利益団体に肩入れするかもしれない。もし政府が消費者に味方するならば、独占とかカルテルは禁止するだろう。もし生産者に味方するならば、ストライキとか、労働組合さえも禁ずるであろう。労働者の味方と名乗っている政府でさえも、そうするであろう。今日、自身を社会主義国と名乗っている国において、自由な労働組合を許しているものはほとんどないのだから。

〈集会の自由〉

明らかに、リンチだとか暴動というようなものを許すことのできる文明的なまたは人道的な社会というものはありえない。人は、敵対する群衆により襲われたり、店を壊されたり、または略奪されたり、家に火を付けられるという恐れなどなしに、通りなどの公共の場所においてやりたい事をするのは自由であるべきである。しかし、個人が社会で起こっている事に抗議したいとき――政府がその事に関与していようといまいと――、彼が抗議することもまた自由でなくてはならない。効果的な抗議のやり方の一つは、公然の示威行動――公共の場所における大衆集会とか通りでの行進による――によるものである。それゆえ、リンチや暴動というものと、公然の示威行動との間に線を引かなくてはならない。この線を引く明確な場所は、暴力とか暴力の脅威の存する前――つまり、群衆が平和的であるかぎりはということ――という処であろう。

それゆえに、世界人権宣言第二〇条一項は、「すべて人は、平和的集会……の自由に対する権利を有する」と規定し、関連の三条約ともこれを繰り返しているのである。米州人権宣言（条約の誤り……訳者注）第一五条は、これの上に「武器を持たない」という語句を加えている。しかし、アフリカ人権憲章第一一条は、なぜか「平和的」という言葉を省いている。ここでもまた、条約が法律のテキストとして機能するには、世界人権宣言よりもより詳しく規定する必要がある。それゆえに、予想どおり、これらの条約はすべて今やお馴染みの制約と制限に関する一節を加え、締約国にこの権利の実行を規制すること——しかし、それは民主的社会において、正当な公共の利益、つまり公共の秩序、公衆の健康、公衆の道徳等を守るために必要な法律によってのみ——を許しているのである。そして、国家の義務は、絶対的かつ即時的である。もっとも、予想どおり、ここでも、権利の停止は戦争とか公共の緊急事態における場合は、「事態の緊急性が真に必要とする限度において」ではあるが許されている。

〈結社の自由〉

世界人権宣言は、平和的集会の自由に対するすべての人の権利というものを宣言する条文に、簡単に「及び結社の」と付け加えているだけである。そこでは、この二つの権利または自由を一緒に扱っているのである。ヨーロッパ人権条約は、その第一一条においてこれを真似ている。しかし、自由権規約、米州人権条約、アフリカ人権憲章は、すべてが各々別の条文を設けている。とはいうものの、実際にはこの二つにはそれほどの区別をしてはいない。米州人権条約は、第一六条一項において、「イデオロギー、宗教、政治、経済、労働、社会、文化、スポーツ」というような結社の目的の例を挙げているが、これらが結社の目的を尽くしたものではないということを明らかにしている。アフリカ人権憲章は、集会の権利に対する紋切り型の制限規定を有してはいるが、結社の権利に関してはそのようなものは存在しない。その代り、ここには、「法律に従うことを条件として」という隠された言葉が付け加えられている。

しかし、世界人権宣言は、ここにもう一つの非常に重要な条文を含んでいる。それは、明らかに、全体主義国家において支配政党とかその派生物に加わるよう圧力をかけられることを防ぐために、「何人も、結社に属することを強制されない」と付け加えていることである。そして、アフリカ人権憲章だけが、「連帯の義務に従うことを条件として」――本書第十八章参照――という但書はあるものの、この規定を繰り返している。なお、自由権規約、ヨーロッパ人権条約及び米州人権条約は、この規定を繰り返してはいない。

〈労働組合〉

それまでに何らかの政治的または経済的権力を己れの所属する社会内において有している者たちは、一般的に、互いに結社を作るのにそれほどの困難さというものは経験しない。そして、概してこういった者たちは、既存の社会制度を支持する傾向にあり、それゆえ、政府は、彼らの結社の自由を規制しなくてはならぬという直接的な動機は有さないものである。しかしながら、ほとんど権力などというものを有さない者たち――己れの所属する社会においてひどく搾取されている農業労働者、または産業労働者という形での特に貧しい者たち――の立場は、しばしばこれとは異なったものとなっている。こういった者たちにとって、共に団結することの必要性というものは、何ごとにも代え難いものである。それは、団結のみがしばしば彼らの惨めな立場を改善する手段を与えてくれるからである。つまり個人的利益の追求は、誰一人として単独では行い得ないのであり、かなりの組織化された集団を通して、そして、抑圧に対するに際し互いに常時団結してのみ、まとまってかなりの力を発揮できるのである。

労働組合が、そのような集団の主な形態である。労働組合は、しばしば莫大な犠牲を払ったとはいえ、一〇〇年以上にわたり、そのメンバーのために多くのすばらしい成功を収めてきている。実際、労働組合なくしては、賃金や労働条件とか、訓練、健康、安全に関する協定というものは、先進国における現在の水準――未だこれらが、全く不適切であるままのところがあるとしても――にまでは到達しなかったであろう。その闘争の過程において、労働組合は多くの反対に直面せざるを得なかった。経済的利害の対立する産業雇用者とか地主からだけでなく、これらの者と利害を共にする政府からも、しばしば反対を受けたのである。その結果として、当初は単に経済的目的のみに関心を持っていた労働組合も、必要上しばしば政治的問題に巻き込まれていくように――そして、政府に労働組合の活動を規制するより一層の動機を与えることに――なってきた。

これらはすべて、国際法典中に反映されてきている。世界人権宣言第二三条四項は、「すべて人は自己の利益を保護するために労働組合を組織し、及びこれに参加する権利を有する」と規定し、人権条約中四つまでも、ほとんど同じ表現の条文を繰り返している。これらのうち、二つ――自由権規約とヨーロッパ人権条約――は、「市民的・政治的」権利を扱っている条約であり、他の二つ――社会権規約とヨーロッパ社会憲章――は、「経済的・社会的・文化的」権利を扱っている条約である、ということに注目することは有益である。ここに、こういった分類カテゴリーの一方に整理して入れることのできない、もう一つの権利または自由というものが存在する（米州人権条約とアフリカ人権憲章は、労働組合のようなものについては何ら触れていないが、これら二条約が保護している結社の一般的自由というものの中に、おそらくはその典型的なケースとして含まれるのであろう)。

社会権規約は、微妙な、それでいて重要な違いを規定している。この規約は、労働組合を「結成する」一般的権利を宣言し、それに続いて、「当該労働組合の規則にのみ従うことを条件として自ら選択する労働組合に加入する」権利という、別の権利を付け加えている。このことは、労働組合に加入する自由というものは、使用者とか政府によって組織されコントロールされている単一の労働組合に加入する自由のみに制限することはできないということを明確に——幾つかの国においては、これを明確にする必要がある——している。この違いについては、ヨーロッパの条約においてはそんなに多くは触れられていないが、関連I.L.O.条約の条文を基にしているヨーロッパ社会憲章の第五条と第六条によって各々守られている「団結権」と「団体交渉権」に関するものと同じように、この問題に関してもまた、豊富な法体系を発展させてきているストラスブルグの機関によって、同じような解釈がなされてきている。

Young, James and Webster v. United Kingdom のケースにおいて、ヨーロッパ人権裁判所は、労働組合に関連して、人権のあべこべの侵害を考える機会を持つこととなった。つまり、人権侵害を防ぐかまたは侵害に救済を与えるような法律というものの実施を怠っていた政府による黙認によつて、労働組合自身によって行なわれた人権侵害についてである。これは、英国鉄道における一種の「クローズド・ショップ」(closed shop)——つまり、ある産業において支配的な力を持つ組合の集団の力によってその産業全体に課せられるところの、その組合の組合員のみがその産業におけるある種の仕事には

採用されるべきであるという要請——に関する裁判であった。このようなカテゴリーに属する個々の労働者は、組合の加入不加入について選択の余地などなかったし、また、どの組合に加入するかという選択の余地というものもなかった。彼は、支配的な組合に加入するか、さもなくばこの産業においては働くことができないか、の二つに一つの選択しかなかった。既に見てきたように、世界人権宣言は、「何人も、結社に属することを強制されない」と宣言し、社会権規約は、明らかに異なる労働組合間の選択の自由というものを与えている。しかし、このケースがストラスブルグの裁判所に訴えられた根拠となるヨーロッパ人権条約は、これらのどちらについてもそんなに多くは述べてはいない。それでもなお、裁判所は、既に雇われている労働者については、生計を立てているその仕事を失わせるという脅しの下である特定の労働組合に加入しろという強要は、条約が求めている結社の自由とは矛盾するものだ、と判決した。適切な法律の実施に失敗したことによって、政府は、雇用者が労働組合との「クローズド・ショップ」の合意により原告を罷免した場合には、原告が被った損害に対してそれ自身責任があるのである。これは、第三者効力(*Drittwirkung*)の好例である（本書第九章参照）。したがって、判決は、政府に対して、原告に賠償金を支払うこと、及び、法律を適切なものに変えることを強制したものとなった。このケースは、いかに国際人権法が強者——強者が弱者の連合体であり、そして、公的領域よりもむしろ私的な領域において活動している場合でさえも——による権力の濫用から弱者を守ることができるか、ということのもう一つの例を提供している。

よく論議される「同盟罷業権」(ストライキ権）に関しては、一般条約中たった二条約のみが明確にふれているだけである（二つのI.L.O.条約は、もっと詳しくこれを扱っている)。社会権規約第八条一項(d)

は、この権利を、「この権利は、各国の法律に従って行使されることを条件とする」という曖昧な但書で提示している。また、ヨーロッパ社会憲章第六条四項は、これを、「団体行動をする権利」の一部――「利益争議の場合において」労働者及び使用者双方に提供される――の中に含めている。しかし、これもただ「既に締結された労働協約から生ずる義務に従っ」てのみではあるが。警察、軍隊、公務員の場合については、ストラスブルグの専門委員会が、どうしても必要だと思われる以上の制約には承認を与えないよう警戒しているとはいうものの、すべての条約はこれらの権利には制約というものが存在することを認めている。自由権規約とヨーロッパ人権条約は、予想どおり、共に制約と制限に関する例の条項の一つを更に付け加えている。そしてまた予想どおりに、このような権利について、権利の停止が戦争や公共の緊急状態の場合に許されている。おかしなことに、権利の停止の条文というものを持っていない社会権規約を除いてではあるが。

第十七章　民主主義と公務

「民主主義」、「自由」、「人権の尊重」は、しばしば互いに同義語のごとく用いられている。しかし、実際にこれらは同じものを意味しているのだろうか。人権の尊重は自由と同じことなのであろうか。これらは共に民主主義の下でのみ繁栄することができるのであろうか。民主的政府というものは、自動的に自由や人権の尊重というものを保証するのであろうか。

ではまず、「民主主義」(democracy)という用語についての我々の理解というものを分類してみよう。我々は未だこれを、ペリクレス(Pericles)の時代のアテネの制度とか、アブラハム・リンカーン(Abraham Lincoln)の「人民の、人民による、人民のための政府」という、記憶しているフレーズの持つある種の漠然とした意味において用いがちである。だが、実際にはどちらも、正確なところ近代的な代表民主主義の政府の制度とは全く符合していないのである。ペリクレス時代のアテネは、「市民」による総会によって統治されていたが、これらの市民は、アテネ都市国家の人口のほんの一部にすぎず、残りの婦人と奴隷は投票権を持っていなかった。また、ゲティスバーグでのリンカーンの忘れられない科白は、すばらしい一片のレトリックではあったが、すべてのレトリックがそうであるように現実から何がしか離れたものであった。なぜならば、アメリカ合衆国の、人民による政府が人民のために行動していたであろう期間、政府は明らかに人民によって指揮されたものではなく、過去八七年間にわたり、選ばれた代表者により――否むしろ、黒人奴隷ではない人民の、彼らの代表者によって

――指揮されていたのだから。

そのうえ、民主主義は、昔から今日ほどの高い評価を常に得ていたというわけではなかった。実際、古代アテネ人にとって、デモクラシーは賞賛よりもむしろ嘲笑の的の言葉であった。なぜならば、彼らにとって、民衆（demos）は、人民よりもむしろ暴徒を意味し、彼らの目には、デモクラシーの持つ意味は、それゆえに、暴徒による――これは、文字どおり、教育、判断力、利他主義、精神の気高さ等の望ましいと思われるものを備えるがゆえに統治することに最も適している者たち、という意味での立派な人たちによる支配を意味する貴族政治に対するものとしての――支配と映っていたのであった。

これにもかかわらず、今日の世界を見ると、代表民主主義というものがまことにうまく機能している処は、存在してはいる。しかしこういった処は、未だに比較的少数である。なぜならば、民主主義が栄えるには、むしろある特別の土壌と幾つかの基礎のしっかりした根というものが必要だからである。民主主義は、利害が分裂しているような処においてすら人や集団を共にしっかりと保持するような、そのような強力な共有の文化的伝統というものを持つ凝集性の強い国家というものを必要とする。これは、すぐには忘れない教訓を学ぶことのできる国内の紛争についてのエピソードを含んだ、できれば長い共通の歴史から生まれてきた政治的な成熟のごときものを必要とする。これはまた、高い識字率と発達した通信メディア、そしてかなりの程度の繁栄というものを必要とする。これはまた、イギリス海峡とかアルプスとか大きな海というようなものによる地理的な隔離にも非常に助けられている。こういった要素のすべてが不可欠なものだというわけではないが、非常に望ましいものである。

そして、今日においてさえ、世界中にこれらをすべて備えているような地は未だ数少ないと言わざるを得ない。

元の質問に戻ろう。さて、デモクラシーが実在する処においてさえ、果たしてそのことは自由と人権の尊重というものを保証するのであろうか。これに答えるためには、つい最近の歴史を見ることが手助けとなるだろう。例えば、一九三三年以降のドイツを例にとってみよう。少なくとも、「ナチ」と呼ばれるようになったもの——そして、当時それ自体を国家社会主義ドイツ労働者党と呼んでいたもの——は、最初は合憲のそれゆえに正当な手段によって、政権に就いたと言えよう。その意味では、少なくとも何年かの間は、これはドイツ国民の民主的に表明された意志というものを代表していた。それでいて、これは、自由または人権の尊重の、まさに正反対なものであった。実際には、「多数による専制政治」の化身というべきものであった。これとは逆に、少なくとも、ヴォルテェール（Voltaire）のいう「開明専制君主」——自由かつ公平な選挙というようなやり方によってその地位につけられたのではないが、その支配は個々の臣民の自由と権利の尊重の上に築かれている本当に慈悲深い君主——というものを想像することは可能である(その当時の道徳観の範囲内ではあったが、一五世紀後半のウルビノ（Urbino）公爵、フェデェリゴ・ダ・モンテファルツレェ（Federigo da Montefeltre）は、そのイメージに非常に近い、まことに稀な支配者であった)。

ここに、一連の混乱の危険性というものが存在する。理論上は、この三つの概念は互いに独立しているものである。民主主義も、自由も、人権の尊重ということにとっては、必要条件でも十分条件でもない。民主主義は、多数の横暴というものを産み得る。普通選挙権を基礎としてなされる秘密投票においてでさえも、多数を占める白人とか、キリスト教徒とか、社会主義者の有権者が、黒人とか、ユダヤ人とか、資本家たちすべてを追い出すことを、否、皆殺しにすることさえも公約するような政府を選出することもできるであろう。そして、「自由」は、もしも正当な法律によって制限された自由というものでなかったならば、最も貧しくて弱い隣人を弾圧し、搾取し、剝奪することの許可証として解され得るものともなろう。

もっとも、これらはすべて机上の空論にすぎない。現実はむしろ異なったものに見える。概して専制君主というものは開明されてはいないものであり、権力は腐敗しやすく、絶対的権力は絶対に腐敗する、というアクトン（Acton）卿の言葉を再確認するにすぎないのである。概して、選挙により選ばれた代表者というものは、権力に腐敗しにくい傾向がある。もっとも、有権者により次の選挙でその座から放り投げ出されるという危険が真に伴えば、という条件付きではあるが。それゆえ、概して、民主主義は人権の尊重と、そして、人権の尊重は法の下の自由と、軌を一にする傾向がある。しかし、これは、民主主義は常に、そして、どこにおいても暴政を除外するということを意味するわけではない。なぜならば、多数による横暴というものは、空想上の悪夢にすぎないわけではないからである。これは起こり得ることであり、実際ほんのつい最近においてさえも起きたことである。つまり、民主主義それ自体は、自由や人権の尊重の絶対的な保証ではあり得ないのである。言い換えれば、民主主義はこれらの望ましい目的のいずれにとっても、充分条件ではない。

では、これは必要条件であろうか。理論上は否である。しかし、現実には大いにそうだと言ってよいだろう。勿論、民主主義は幾つかの良く知られた欠点を持っている。つまり、政策よりもむしろ人気による競争：己れのできる以上のことを有権者に公約したいという救い難いまでの誘惑：有権者のために冷酷に主義主張を変ること：次の選挙ということに常に制限を受けている近視眼的な政策：大衆へのお追従に熱心な、権力に飢えた人たちにとって有利な社会の中に備わっている偏見（確かに、他の制度においてもまたそうではあるが）：などがある。しかし、成熟した民主主義の制度においては、その生来の利点というものはこういった欠点を遥かに凌駕するものだろう。一定期間ごとに人民の自由かつ秘密の投票によって選ばれる代表によって形成される政府という制度は、自由と人権の尊重双方の促進において、互いにふさわしいように調節され、他のどのような制度よりも良い記録を残しているのだから。

ここにおいて、問題は明らかであり、そして、おぞましいことだが、それを知るには、この世界を見渡せば足りる。つまり、自分たちだけで快楽を享受するために権力を維持することが最大の関心事のようであり、そして、その目的のためには敵対する者への無慈悲なまでの圧迫と迫害――彼らが運命を預かっている人々の犠牲の上に、そして、それらの人々の利益や欲求などを明らかに無視することによる――などを含むあらゆる手段を冷酷に用いる、ほんの一部の者に統治されている人民を見ればわかるであろう。

〈人民の意思〉

世界人権宣言が、次のように第二一条三項に述べているその理由は疑う余地のないものである。

「人民の意思は、統治の権力の基礎とならなければならない。この意思は、定期かつ真正な選挙によって表明されなければならない。この選挙は、平等の普通選挙によるものでなければならず、また、秘密投票またはこれと同等の自由が保証される投票手続によって行われなければならない。」

最初の文章がここではその目的を述べ、次の文章がその手段を述べている。さて、選挙というものは、何人かの者がある公的機関のメンバーとして選ばれるということを前提としている。そして、「人民の意思」というものは、その選択において表明されることとなる。では、どんな機関をここでは考えているのであろうか。この条文を見ると、「政府」というものを考えていたように思うかもしれないが、それは条約の取る見解ではない。例えば、ヨーロッパ人権条約第一議定書第三条は、「立法府」を意味するとしているが、これは政府とは全く違うものである（結局のところ、ヨーロッパには、未だ幾つかの立憲君主国が存在するのであり、少なくともこれらの国の政府は、形式上は、選挙によってではなく世襲的に選ばれた個人の名において指揮されている）。自由権規約（第二五条）と米州人権条約（第二三条）は、この問題を未解決のままにしておいている。これらの条文の表現を注意深く見ると、何のために、誰が選ばれるべきか、ということは曖昧なままに残されている。そして、アフリカ人権憲章は、「人民の意思」とか、選挙については、何も述べてはいない。

〈政治に参加するということ〉

各条約の起草者たちが、政治的イデオロギーや経済制度や歴史的なまたは文化的な伝統が異なる国々における統治ということに対しては、あまりに詳しく一連の規則を定めることには躊躇を見せていたことは、理解できることである。結局、起草者の関心は個人の権利についてであり、それゆえに彼らは、全く正しくと言うべきだが、個人が自国の公務の運営に関して有すべき権利というものに努力の焦点を合わせたのであった。そして、この点に関しては、彼らは世界人権宣言の同じ第二一条の一項と二項の中に、他にも真似るべき先例を幾つか見つけたのであった。

「(1)　すべて人は、直接にまたは自由に選出された代表者を通じて、自国の政治に参与する権利を有する。

(2)　すべて人は、自国においてひとしく公務につく権利を有する。」

自由権規約、米州人権条約、アフリカ人権憲章は、すべて、多少とも逐語的に、宣言の第二項の例を真似ている。しかし、第一項に関しては、アフリカ人権憲章(第一三条一項において)のみが、「自国の統治に」参加することについて述べ、他の二条約は、これを「政治に」参与すること、と一部変更して規定している。そして、選挙に関しては、これらの条約は、すべての市民は、立候補と投票の両権利を有する――規約が「不合理な」ものではならないと言い、米州人権条約が、第二三条二項にカタログを示しているそんな類の規制は別として、禁じられている差別の類のものはどんなものであれ一切許されない――ということを明らかにしている。この禁じられた差別中には、明らかに、年齢、国籍、居住、精神的な能力、そして、民主主義者にはそれほど明確とは言い難いが、言語、教育、刑事有罪判決、「民事上の能力」というものを含む(ヨーロッパ人権条約は、これらすべてについて沈黙を保っている)。勿論、これらすべては、絶対的かつ即時的な政府の義務である。しかし、米州人権条約のみが、戦争や公共の緊急事態の場合にも権利の停止は許されないと規定している。

ヨーロッパ人権委員会には、自国の選挙制度に不満な異なる政治的信条を有する人々から、かなりの数の訴えが提起されている。例えば、これには（共に却下されたが）ベルギーとイギリスの二院制――後者では、全く選挙によらない――に対する攻撃も含んでいる。また、人権委員会（Committee）と米州人権委員会は、さまざまな国において見られる数々の政治の実践――ハイチにおける終身大統領制を含めて――に対して批難してきている。

さて、これらすべては、いったいどこに民主主義と自由と人権の尊重の間に争われている関連性というものを置こうとするのだろうか。一国の憲法の歴史が、抑圧に対する反逆が成功裡に終わったことにより始まり、そして民主的な政府の制度が憲法と同時に設置されたところでは――顕著な例として、アメリカ合衆国におけるような――、国民は、この三つは分離不可能だという確信に永久に染まりがちである。独立後二世紀たった現代でもアメリカ人にとって、自由とか人権の尊重というものは政府が完全なる民主的な制度を採用していなくとも維持し得るのだという主張は、理解し難い――全く積極的に破壊すべき――ものである。彼にとって、強い民主主義の伝統の中で育った多くの者にとってと同じように、民主主義というものはすべての政治形態中唯一の守るべきものであり、人権に対する擁護は、それ自身が目的というよりは民主主義を達成するための幾つかある望ましい手段の中の一つにすぎないのである。

不運にも、ウェストミンスター（イギリス）やキャピトル・ヒル（アメリカ合衆国）やエリゼ（フランス）における民主主義の制度というものが、文化、政治、経済、権力の配置について独自の伝統を持つ国々にはうまく移植されるとは限らないということは、植民地化及び植民地からの独立という両者により得た一般的な経験である。そして、これらの国が、もともとは旧宗主国によって人工的に引かれ今となってはもはや変更し難い国境線の中に異なった民族による混成集団を含んでいる、という場合には特にそうである。その結果として、こういった国の多くは、民主主義の香りが常にするとは限らない非常に異なった制度の政府というものを、いろいろ実験的にやってみなければならなかった。確かに、こういった実験の幾つかは、びっくりするような暴君とひどい人権侵害を作り出してきた。しかし、そうでないものもある。これらの相互関係は、決して完全なものではないのだから。一党独裁制の下においてでさえも人権を保護するということは――疑いもなく困難ではあろうが――可能であろう。但し、それは、もしも人権保護の目的で――オンブズマンとか誰でも参加できるような開放的政党構造というような――民主主義の制度下でなされているチェック・エンド・バランスというような必要な機能を行う適当な機関を設置するならば、という条件下においてではあるが。

では、これらについて国際法典が求めているものは何であろうか。条文の解釈から言うと、どの条約も国家が採用すべき政府の制度については何も述べていない。確かに条約は、真正な定期的選挙とか、普通かつ平等選挙とか、秘密投票については述べている。しかし、これは、差別されることなく上記のことに参加することができる個人の権利、という脈絡においてであるにすぎない。こういった選挙が何のためのものであるべきかということは明記していないのである。それは、立法府のためであるかもしれないし、行政府のためかもしれない。それとも、また、部族長老会議とか、一党独裁国家における地方、地域または国家中央委員会の幹部会のためかもしれない。

人権法の国際法典にとっては、最終的な目的は人権の保護である。それを達成するための手段

――揺るぐことのない優れた記録を持つ代表民主主義を含む――は、随意のものである。条約がまさに求めているものは、条約が保証している他のすべての権利と同じく、政治に参与したり公務につくことにおいて個人はすべて平等に扱われなくてはならない、ということだけである。そして、これをいかにして達成させるかは――代表民主主義によってであれ、他のいかなる制度によってであれ――各国に任せることに満足している。それゆえ、法典が、こういう事柄について、異なる伝統、必要性、自身の好みというものを持つ人々に、「西欧」または「西欧先進国」の政治の仕組みを押し付けることを主張していると言って争うのは――そうしている者もいるが――、全く誤っている。

　しかし、ただ一点においては、法典は民主主義に味方してある微妙な偏りを見せている。それは、制限と例外を認める場合において、何が正当であるかという点に関してのものである。本書第八章を読み返すならば、「法律で定められ」かつ詳細に定められた公共の価値を守るために「必要な」ものであること、が必要であるということを思い出すだろう。しかし、ここの「必要な」という言葉は、「民主的社会において」という表現を引き出す傾向がある――ほとんどヨーロッパ人権条約及び米州人権条約においてはそうであるし、人権規約においてさえ、幾つかの重要な箇所においてはそうである――。例えば、集会の権利とか、結社や労働組合の権利についてはそうであるし、また、報道機関及び公衆を法廷から締め出すことが適切であるときにもそうである。だから、少なくともこれらについては、何が「必要な」（necessary）ものであるかどうかの普遍的な基準は、民主主義（democracy）である。

第十八章　「人民」の権利

今までのところ、我々は、何世紀にもわたる人権への闘いの中で育ち今や国際法典により守られている、個人の権利というものを調べてきた。それは、第一に放っておかれる権利である。つまり、人は他人に論証できるような害を与えないかぎり、国家とか公権力によって干渉されることなく好きなように生きることができる、という権利である。第二には、自分自身に何の科《とが》もないのに被った不公平、特に社会的経済的分野における不公平を救済するために、国家に対し介入するよう求めることのできる権利である。これらの権利は最近、各々、「第一世代」(first-generation)と「第二世代」(second-generation)と呼ばれるようになってきている。この分類は、他の分類(本書第八章参照)と同様に、多分そう役には立つまいが。しかし、今やこの調査の終りにあたり、我々は、「第三世代」(third-generation)とか「連帯」(solidarity)の権利と呼ばれている新しい一連の権利に、目を向けなくてはなるまい。これらの大部分は、人権法の分野において未だ主張されている概念(拘束する規則というよりは)にすぎない。とはいえ、人権法の分野は、幸運にも、凍結されたり常に固定されたりすることなく、新しい主張を生み続けている分野である。

新しいということは別として、こういった権利に共通することは、これらの権利は、いかにすれば個人に付与できるか、どういうふうに個人が行使できるのか、ということを考えることが時として困難であるという点にある。古典的な理論によると、人間個人の権利のみが「人権」であり得るのであり、他の形態（国家とか、教会とか、会社とか、労働組合のような）に属する権利はいかなるものであれ、それがいかに望ましく異論なくかつ有効であり強制できるものであろうとも、人権ではあり得ないとされるのである。もしも労働組合の権利を含む集会や結社の権利のごときものは、「個人の」(individual) 権利というよりはむしろ「集団の」(collective) 権利ではないか、と主張したとする。これに対する簡単な答えは、条約の表現はこの主張を支持していない、というものとである。それは、条約は、権利の所有者として、すべての場合において「すべての者」(everyone) または、「あらゆる人」(every person) と言っているからである。それゆえに、結社の自由は、個人が他の個人と提携する権利なのであり、別の――必然的に抽象的な――形態としての組合に属する権利ではない。いかなる場合であれ、あらゆる人権とか自由とかいうものは、実際には他の個人と共に行使することが出来るのみであり、これらの人権や自由も他人が否定しようとしないかぎりは、主張する必要などないのである。本書第一章の寓話におけるアダムは、イヴやカインやアベルなどというアダム村の主要な構成者が出現するまでは、彼の人権や自由を行使する機会もまたこれらの保護を主張する機会もなかったであろう。

〈自決と解放〉

以上のことは、これですべてうまく説明されたかのように思われる。但し、両規約のまさに第一条を見るまでは。これらの条文は共に同じ表現で、「すべての人民は、自決の権利を有する」と宣言している。

この表現は、国際関係を学んでいる者には、いずれにしても馴染みのある響きを持ったものである。これは、少なくとも一九四五年の国連憲章にまで遡る。そこでは国連の目的を宣言している第一条において、「人民の同権及び自決の原則」を謳っている。そして、両規約の第一条一項の正確な言葉というものは、一九六〇年に国連総会において採択された、「植民地諸国、諸人民に対する独立付与に関する宣言」の第一条に見出される。この条項は、それゆえ、植民地からの独立政策を反映しているといえる。この政策は、立派なものであったというだけでなく、すばらしい成功を収めたものでもある。今日、もはや植民地はほとんど残ってはいないし、約一六〇ヵ国の国連加盟国中、約三分の二が、一九四五年以降に独立を達成した旧植民地諸国である。

しかし、これは一体全体どういう類の権利なのであろうか。両規約に同じ表現が見られることから、多分、これは、市民的、政治的及び経済的、社会的、文化的権利なのであろう。しかしこれは、「人の」権利なのであろうか。誰にこれは属するのか。誰に対してこの権利は行使し得るのか。少なくとも後者の疑問に対しては、規約自身が答えている。つまり、第一条は、第一部と呼ばれている部分に一ヵ条だけあり、そして、その第三項は「締約国は……自決の権利が実現されることを促進する」と規定している。そして、このすぐ後に、第二部が置かれ、そこでの第二条において、第三部へと続く主要な条文において認められる様々な個人の権利と自由に関して締約国の義務というものを課している。

今日、人民の自決権が存在しなくてはならないとか、実際に国際法上そのような権利が存在している、ということを否定する人はまずいまい。しかし、ではこの権利を有するのは、いったい誰なのか。我々は、個人というものがいかなるものかは知っている。彼または彼女を、街や、野原や、刑務所の中とか法廷、病院または射殺隊の前などに居るのを見ることはできる。しかし、「人民」(people)とは何なのであろうか。勿論、これは個人の集合であり、他のものから作られることはできない。しかし、どの個人によるのであろうか。誰がいったいドイツ人とかユダヤ人とか、パレスチナ人とかイスラエル「人民」なのか。もしあなたがユダヤ人だとしても、なおドイツ人でもあり得るのか。この質問は、一九三三年から一九四五年の間に多く行使され、ドイツにおいて当時権力の座にあった人たちにより与えられた否定的解答は、前例のない災難を引き起こし、その結果約六〇〇万人の生命を奪ったのである。また、もしあなたがイスラエル人でないとすれば、パレスチナ人であることができるのだろうか。この質問は、今日においても、未だに何度も行使され、とかくするうちに多くの受難を引き起こし、既に何千人もの命を奪ってきている。そして、これからももっと多くの命を奪うことであろう。

とにかく、では、これはどんな類の質問なのであろうか。もしも充分な研究が行われさえすれば答えが見つかるような、そんな質問の一つなのか。それとも、我々が用いる言語から派生したにすぎないところの、事柄に名称を付けるために言語を用いたり、きちんと整理することを愛するがゆえに事柄を分類したりする類のものであろうか。もしそうなら、この場合は、定義を変えることで答えを常に変えることができるから、現実には解答不可能である。賢明にも、インド共和国は――多分どの国よりも多くの「人民」が国内に存在するので――両規約に対して為した留保において、インド自身による解答を与えている。つまり、自決権は、「外国の支配下にある人民にのみ」適用され、「独立主権国家や一民族とか一国家の一部――これは、国家の保全のエッセンスである――には」適用されない、と宣言したのである。

「人民の」権利というものは、もっと困難で、そして、ある面にあっては、もっと重要ですらある一つの問題を引き起こす。ユダヤの大司祭カイアファ (Caiaphas) は、非常によく記憶されている次のような発言をしたと伝えられている。「人は人民 (the people) のために死すべきであり、国家は人民のためには滅びはしない、ということは、我々にとって好都合なことである。」これは、困難な状況の下で、全「人民」の命運を担わされた上級行政官の一人によって示された感傷としては、まことに理解し得るものである。カイアファと同じ職に就いた彼の後継者の多くは、同じことを以後ずっと述べてきている。そして、あまりにも多くの者がこれを実行に移してきた。時としては、一人だけによるものでなく、多くの男女の厖大な犠牲によって実行されてきた。そして、これらすべては、こういった男女と行政官自身が属しているその「人民」のためになされたのである。しかし、これはまさに、近代人権法の全法典というものが、保護のための砦を与えるためのものである、という考えに対立する感傷ではなかろうか。非常に有能な行政官にとり、言訳けのためのまことに筋道の立った「国家のための理由」というものを見つけることができないような、そんな残虐行為などというものはほとんど存在しない。例えば、国家全体を（今世紀の初め、*das Reich* と呼ばれた場合のように）、または、唯一の信仰を、または、経済を、もしくはパウンドを、ドルを――または、骨折って働いている大衆を――、「滅ぼさない」ためにという理由によって。では、いかにしてある「人民」の権利というものが、人権の一部を形作ることができるのであろうか。

そもそも、人権とはまさに、個々人が己れに対して権力を行使する者のなす要求に対し主張することのできる権利なのであり、こういった力の行使は、あまりにもしばしば「人民」とかそういった抽象的な名の下に、己れのやりたい事を正当化しようとして主張された。

この人民の自決の権利に対しては、アフリカ人権憲章の第一九条と二〇条は、発効するに際してそこに幾つかの権利を付け加えている。つまり、平等の権利と生存の権利及び解放の権利であり、最後のものは、次のように表現されている。

「植民地人民または抑圧された人民は、国際社会により認められたあらゆる手段に訴え、支配の束縛から自己を解放する権利を有する。」

多分これらは人権の一つと言えるではあろうが、この最後のものは確かに「人の」権利ではあり得ない。アフリカ人権憲章の起草者は正直に、この憲章を「人及び人民の権利の憲章」と呼び、これらの条文は、個人の権利を扱っている前半に対し、人民の権利を扱っているグループの一部としてあらわれている。しかし、これらの条文も、やはり、「人と人民の権利」と名付けられた単一の憲章の一部をなしているのである。

〈富、資源と発展〉

人民の自決の権利を宣言しておいてから、両規約の第一条の次の項は、「すべて人民は……自己のためにその天然の富及び資源を自由に処分することができる……」と続けている。これは後に、自由権規約第四七条と社会権規約第二五条において、「固有の権利」として言及されているものである。

ここでもまた、両規約は、「人民は、いかなる場合にも、その生存のための手段を奪われることはない」（第一条二項後段……訳者注）と続けて述べているのであり、その趣旨は申し分ないものである。国際法はそのような権利を認知すべきではない、と主張し続けることは不可能であろう。そして、両規約の発効により、この権利は今や認知されたのである。しかし、この条文以外の条項に関しては、この規約は人の権利に関する条約であり――いかに素晴らしいものであれ――、この権利はいかなる実在の個人に属すことも、また、いかなる既存の実体に対し行使し得ることも出来ないから、この権利がいかにして人権という特別のカテゴリーの基準を満たし得るかを考えることは困難といえる。

この「富と資源に対する権利」というものを第二一条に拡大して規定しておいて、アフリカ人権憲章は、次の第二二条に以下のように続けている。

「(1) すべての人民は、その自由及び独自性を十分に尊重し、かつ人類の共同遺産を平等に享受して、経済的、社会的及び文化的に発展する権利を有する。

(2) 国は、個別的または集団的に、発展の権利の行使を確保する義務を有する。」

この新しい「発展の権利」は、今日では、一般国際法の分野において、そして、特に国際人権法の分野において、最も発達している権利の一つ――そして、最も議論が白熱している領域の一つ――である。一度でも地球上の人口の過半数が生活している、いわゆる第三世界の最貧地域を訪れたことのある者には、問題点は明らかである。ここでは、それらの地域に特有の貧困、文盲、病気、栄養失調、そしてしばしば飢餓という悲惨な状態を、描写する必要はあるまい。

明らかに、これらの国における政府の第一の義務というものは、この苦しみを緩和するために何らかのことを行おうと試みることにある。しかし、これらの政府は、出発点からして大きな困難を背負っている。特に、つい最近植民地から独立を果たしたばかりで、その国境線は旧宗主国により引かれ、国内に共通の独立国家としての自覚の乏しい本質的に異なる多くの民族を含み、自給自足経済に似たようなものからさえ程遠く、経済の下部構造らしきものすら持たないといった、「緊急事態」の国家にとってはそうである。それゆえに、そのような国家が、経済発展に最上位の優先権をつけることはまことによく理解できるところである。

不運にも、その望ましい目的の追求ということは、あらゆる類の困難——互いにつまらぬことで喧嘩をしたり、昔からの習慣、儀式、制度、権力構造などというものを放棄することに強い抵抗を示す、部族、カースト、階級、宗教などの問題——に襲われるであろう。そこで、我慢できなくなった政府は、そのすべてが人権に対し適切なる尊重を示しているとは限らない様々の手段によって、強情な者たちに政府の発展政策を強要したがるだろう。(既に見てきたように)国際人権法典は財産権の保護にはそれほど熱心ではないので、農地改革と為替管理はそういった手段の一つである。しかし、報道の検閲、労働の管理及び労働組合活動の禁止も、もう一つの手段である。残念ながら、このような手段は、結局は、政府に反対の者たちを力で抑圧し、再教育キャンプとか「失踪」とか射殺隊により——すべて、発展という聖なる名の下に——終止符をうつことになりがちなものである。

それゆえ、問題は、いかにして発展ということを人権の尊重と調和させるかであり、ここで鍵となるのは、「発展の権利」が、国家及び「人民」にのみあるのか、それとも、個人にもあるのか、ということである。もしもこれが、個人に付与された真の人の権利の一つとして示され得るならば、この権利は、支配者の誤って抱いた野心から個人を守ることができるだろう。しかし、そうでなかったならば、そういうことはできないであろう。それゆえ、解決策は、発展の権利を二つ規定するというやり方、つまり、一つは個人に付与される権利として、もう一つは、国家――または「人民」――に付与される権利としての内容を持つものとして、規定するという方法しかないであろう。もしも、発展ということを、すべての個人が、法の支配の下にすべての人権――経済的、社会的、文化的、市民的または政治的なものであろうと。なぜならば、今やこれらはすべて分割不可能な相互依存のものとして考えられているから――を享受し、行使し、利用することのできる条件を徐々に作るための過程として規定するならば、個人の発展の権利というものは、禁止された形態によるいかなる差別も受けることなく発展の過程に加わり、そして、それより利益を得る個人の権利として、簡単に規定することが可能である。ある国家が、上記のことこそが自国の追求している発展の内容であるということを示すことができるならば、自国の政策を追求するための援助を他国に呼びかける権利という形をした――それゆえ、人権法典が既に国内レヴェルでは要求している非差別の原則を国際レヴェルに反映させ、そして、国際レヴェルでの非差別は国内レヴェルで既に樹立された非差別の原則を遵守することにかかっている、とすることで――「発展の権利」を国際レヴェルで有することができるのである。

これは、実際に、最近世界法律家評議会（International Commission of Jurists）によって、国際社会に示された提案である。しかし、ただ実ある反応がこれに対しあることを祈るのみではあるが。

〈国際平和〉

世界人権宣言第二八条は、次のように宣言している。

「すべて人は、この宣言に掲げる権利及び自由が完全に実現される社会的及び国際的秩序に対する権利を有する。」

そうではあるが、ここでもまた、社会的にはいかなる力を持っていようと国際秩序には責任のない個人というものに対し、いかにすれば自国に対して行使し得るものとしてこの目的に対する法的権利というものを付与できるか、ということを考えることは困難である。実際に、アフリカ人権憲章第二三条のみが、この条文の漠然とした規定に従って——否、実際は拡張して——いるにすぎない。それに対し、自由権規約第二〇条と米州人権条約第一三条五項は、戦争宣伝の禁止及び差別や敵意や暴力を煽動するような国民的、人種的、宗教的憎悪を唱道することの禁止を要請することだけに限定している。そして、これらの規定は、同じ条約における他の条文が保護している表現の自由を幾らか犠牲にすることになるにもかかわらず、政府にこれらの行為を実際に禁止する権限を与えている。

〈環　境〉

今までのところ、アフリカ人権憲章のみが、この「第三世代」の権利というものを宣言している。つまり、その第二四条は、「すべての人民は、その発展に好ましい一般的に満足すべき環境に対する権利を有する」と述べている。このような権利は実際重要な権利の一つではある。しかし、ここにもまた、いかにして個人はこの権利を国家に主張することができるのか、この権利はいかにすれば人の権利の一つとしてうまく分類できるのか、という困難さがある。しかしこのことはこの権利は存在すべきではないとか、もっと詳しい定義を求めるべきではない、などと言っているわけではない。多分解決策は、結局はこの権利が密接に関連しているにちがいない発展の権利と似たような方向に見出されることであろう。

実際のところ、新しい「第三世代」または「連帯」の権利といわれる権利のいずれであれ、最終的に人権の普遍的な規範中にその居場所を見出すためには、個人に付与し、個人によって行使され、国家に詳細な相関的義務を課すもの――それゆえ、それが順次解釈され適用され、施行され得るために――として、明確に理解されるような系統的な説明というものが工夫されなくてはなるまい。

〈少数民族〉

自由権規約第二七条は、以下のような独特の規定をしている。

「種族的、宗教的または言語的少数民族が存在する国において、当該少数民族に属する者は、その集団の他の構成員とともに自己の文化を享有し、自己の宗教を信仰しかつ実践しまたは自己の言語を使用する権利を否定されない。」

世界人権宣言はこの点については何らの前例も提供していないにもかかわらず、この条文は非常に重要なものである。なぜならば、これは、個人の権利と「人民」の権利との間に橋を架けているからである。この権利は、少数民族集団の構成員たる「人」に付与されてはいるが、他の構成員と「ともに」のみ行使し得るということに注目されたい。それゆえに、この権利の行使は――集会や結社の権利のような他の多くの人権の行使がそうであるように――他人と共にのみ行使できるにもかかわらず、真の人権の一つなのである。それでいて、この権利は、すべての構成員が属しているその「少数民族」という抽象的な概念に付着するものとしてもまた見ることができる。もっとも、この権利は、構成員一人一人に個別的に属しているだけであるけれども。

最後となるが、すべての人権というものは、弱く、それゆえに強者から抑圧され、迫害され、搾取され、剝奪されることから守る必要のある、個人のために存在するものである。もしもこれらの者の弱さが、支配的な集団から彼らを区別している差異の根源となっているなら（通常そうであるように）、彼らが何人いようとも、その数に関係なく少数派として自分たち自身も考えようし、その抑圧者たちからもそう見られるであろう。

その意味では、それゆえにすべての人権というものは少数派の保護のために存在するのである。この考えは、本書に適した一つの結論を与えてくれるものであろう。

締約国一覧表

（1993年現在）

地域	西ヨーロッパ〔24ヵ国〕																			
条約名＼国名	スウェーデン	スペイン	サンマリノ	ポルトガル	ノルウェー	オランダ	モナコ	マルタ	ルクセンブルグ	リヒテンシュタイン	イタリア	アイルランド	アイスランド	ギリシア	ドイツ	フランス	フィンランド	デンマーク	ベルギー	オーストリア
社会権規約	○	○	○	○	○	○		●	○		○	○	○	○	○	○	○	○	○	○
自由権規約	○	○	○	○	○	○		●	○		○	○	○		○	○	○	○	○	○
国連憲章（国連加盟国）	○	○	●	○	○	○	●	○	○	●	○	○	○	○	○	○	○	○	○	○
ヨーロッパ人権条約	○	○	●	○	○	○		○	○	○	○	○	○	○	○	○	●	○	○	○
米州人権条約																				
アフリカ人権憲章																				

地域	〔13ヵ国〕							北アメリカ・カリブ海〔24ヵ国〕																						
条約名＼国名	ガイアナ	エクアドル	コロンビア	チリ	ブラジル	ボリビア	アルゼンチン	アメリカ合衆国	トリニダード・トバゴ	セントビンセント	セントルシア	セント・クリストファー・ネイビス	パナマ	ニカラグア	メキシコ	ジャマイカ	ホンジュラス	ハイチ	グアテマラ	グレナダ	エル・サルバドル	ドミニカ国	ドミニカ共和国	キューバ	コスタリカ	カナダ	ベリーズ	バルバドス	バハマ	アンチグア・バーブーダ
社会権規約	○	○	○	○	●	○	○		○	○			○	○	○	○	○		○	●	○	●	○		○	○		○		
自由権規約	○	○	○	○	●	○	○	●	○	○			○	○	○	○		●	●	●	○	●	○		○	○		○		
国連憲章（国連加盟国）	○	○	○	○	○	○	○	○	○	○	○	○	○	○	○	○	○	○	○	○	○	○	○	○	○	○	○	○	○	○
ヨーロッパ人権条約																														
米州人権条約		○	○			○	○						○	○	○	○	○	○	○	○	○		○		○			○		
アフリカ人権憲章																														

主要人権条約

	東ヨーロッパ〔27ヵ国〕															
国名	アゼルバイジャン	トルクメニスタン	タジキスタン	キルギスタン	アルメニア	モルドヴァ	グルジア	ウズベキスタン	ロシア	カザフスタン	ラトビア	リトアニア	エストニア	ボスニア・ヘルツェゴビナ	クロアチア	スロベニア
	●					●			●	●	●	●	●		●	●
	●				●	●			●	●	●	●	●		●	●
	●	●	●	●	●	●	●	●	●	●	●	●	●	●	●	●

国名	マケドニア	ユーゴスラビア	ウクライナ	ルーマニア	ポーランド	ハンガリー	スロヴァキア	チェコ	白ロシア	ブルガリア	アルバニア	アンドラ	バチカン市国	イギリス	スイス
		○	○	○	○	○	○	○	○	○	●			○	●
		○	○	○	○	○	○	○	○	○	●			○	●
		○	○	○	○	○	○	○	○	○	○	●		○	
					●	●	●	●		●				○	○

						大洋州〔14ヵ国〕						
国名	ブルネイ	ブータン	バングラデシュ	バーレーン	アフガニスタン	ベラウ	ミクロネシア	西サモア	バヌアツ	ツバル	トンガ	ソロモン諸島
					○							○
					○							
	○	○	○	○	○			○	○			○

								南アメリカ				
国名	パプアニューギニア	ニュージーランド	ナウル	マーシャル諸島	キリバス	フィジー	オーストラリア	ベネズエラ	ウルグアイ	スリナム	ペルー	パラグアイ
		○					○	○	○	○	○	●
		○					○	○	○	○	○	●
	○	○		●		○	○	○	○	○	○	○
								○	○	○	○	

アジア〔39ヵ国〕

ミャンマー			○			
カンボジア	●	●	○			
中華人民共和国			○			
台湾(中華民国)						
インド	○	○	○			
インドネシア			○			
イラン	○	○	○			
イラク	○	○	○			
イスラエル	●	●	○			
日本	○	○	○			
ヨルダン	○	○	○			
大韓民国	○	○	●			
朝鮮民主主義人民共和国	○	○	●			
クウェート			○			
ラオス			○			
レバノン	○	○	○			
マレーシア			○			
モルジブ			○			
モンゴル	○	○	○			
ネパール	●	●	○			
オマーン			○			
パキスタン			○			
フィリピン	○	○	○			
カタール			○			
サウジアラビア			○			
シンガポール			○			
スリランカ	○	○	○			
シリア	○	○	○			
タイ			○			
トルコ			○	○		

アフリカ〔53ヵ国〕

リビア	○	○	○			○
マリ	○	○	○			
マダガスカル			○			
マラウイ	○	○	○			○
モーリタニア			○			○
モーリシャス	○	○	○			
モロッコ	○	○	○			
モザンビーク		●	○			
ニジェール	○	○	○			○
ナイジェリア	●	●	○			○
ルワンダ	○	○	○			○
サントメ・プリンシペ			○			○
セネガル	○	○	○			○
セイシェル	●	●	○			
シエラレオーネ			○			○
ソマリア	○	○	○			○
南アフリカ			○			
スーダン	○	○	○			○
スワジランド			○			
タンザニア	○	○	○			○
トーゴ	○	○	○			○
チュニジア	○	○	○			○
ウガンダ	○		○			○
ブルキナ・ファソ			○			○
ザイール	○	○	○			○
ザンビア	○	○	○			○
ジンバブエ	●	●	○			○
ナミビア			●			
エリトリア			●			●
(西サハラ)						○

主要人権条約締約国一覧表

地域	国名	社会権規約	自由権規約	国連憲章（国連加盟国）	ヨーロッパ人権条約	米州人権条約	アフリカ人権憲章
	アラブ首長国連邦			○			
	ベトナム社会主義共和国	○	○	○			
	イエメン共和国	○	○	○			
	キプロス	○	○	○	○		
アフリカ〔53ヵ国〕	アルジェリア	○	○	○			○
	アンゴラ	●	●	○			
	ベニン	●	●	○			○
	ボツワナ			○			○
	ブルンジ	○	○	○			
	カメルーン	○	○	○			
	カーボベルデ			○			○
	中央アフリカ	○	○	○			○
	チャド			○			○
	コモロ			○			○
	コンゴ	○	○	○			○
	ジブチ			○			
	エジプト	○	○	○			○
	赤道ギニア	○	○	○			○
	エチオピア		●	○			
	ガボン	○	○	○			○
	ガンビア	○	○	○			○
	ガーナ			○			
	ギニア	○	○	○			○
	ギニアビサオ	●		○			○
	コートジボアール	●	●	○			
	ケニア	○	○	○			
	レソト	●	●	○			
	リベリア			○			○

条約名	締約国数	（一九九三年時点）
社会権規約	97	122
自由権規約	92	122
国連憲章（国連加盟国）	159	183
ヨーロッパ人権条約	21	29
米州人権条約	20	
アフリカ人権憲章	35	36

注　原書は、一九八四年一月時点の締約国についてであるが、本書には、訳者の判断により、一九九〇年時点の締約国を載せておいた。なお、本書補訂版においては、一九九三年時点の締約国を、●で加えた。

	既婚婦人の国籍に関する条約	1957	1958	54(60)	
	婚姻の同意・最低年齢・登録条約	1962	1964	34	
	教育差別禁止条約	1960	1962	73(84)	
	同議定書	1962	1968	73	
	奴隷条約（1953年改定議定書）	1926	1927	79(89)	
	奴隷制度廃止補足条約	1956	1957	98(106)	
	人身売買禁止条約	1949	1951	56(64)	(1958)
	国際修正権条約	1952	1962	11	
I.L.O.					
	強制労働条約（第29号）	1930	1932	128	(1933)
	結社の自由・団結権保護条約（第87号）	1948	1950	97(102)	(1966)
	団結権・団体交渉権条約（第98号）	1949	1951	113	(1954)
	男女同一報酬条件（第100号）	1951	1953	105	(1968)
	強制労働廃止条約（第105号）	1957	1959	109	
	雇用・職業差別禁止条約（第111号）	1958	1960	106	
	雇用政策条約（第122号）	1964	1966	69	
	労働者代表条約（第135号）	1971	1973	41	

注　原書は、1984年１月時点のものであるが本書では、1993年時点のもの及び日本の効力発生時を訳者の判断で載せておいた。

国際人権文書一覧表

	文　書　名	採択	効力発生	締約国数	日　本（効力発生）
国　際		年	年	1984.1.1現在（1993現在）	（1993年現在）
	国連憲章	1945	1945	158(183)	(1956)
	世界人権宣言	1948			
	社会権規約	1966	1976	80(122)	(1979)
	自由権規約	1966	1976	77(122)	(1979)
	同第一選択議定書	1966	1976	31(74)	
地　域					
	ヨーロッパ人権条約	1950	1953	21(29)	
	同第一議定書	1952	1954	21	
	同第四議定書	1963	1968	13	
	ヨーロッパ社会憲章	1961	1965	13	
	米州人権宣言	1948			
	米州人権条約	1969	1978	17(20)	
	アフリカ人権憲章	1981	1986	(36)	
専門					
	ジェノサイド条約	1948	1951	92(111)	
	アパルトヘイト条約	1973	1976	77(98)	
	人種差別撤廃条約	1965	1967	122(137)	
	難民条約	1951	1954	94(117)	(1982)
	無国籍者の地位に関する条約	1954	1960	34(40)	(1960)
	無国籍者の削減に関する条約	1961	1975	12	
	女子差別撤廃条約	1979	1981	53(125)	(1985)
	婦人参政権条約	1952	1954	91(103)	(1955)

〈著者紹介〉
ポール・シガート (Paul Sieghart)　グレイズ・インに所属するバァリスター、世界法律家評議会英国幹部会議長、ヨーロッパ人権財団理事、英国人権研究所理事、イングランド及びウェールズカソリック司教会人権問題顧問を歴任、1990年没
主書：The International Law of Human Rights（Clarendon Press. Oxford., 1983）
The World of Science and the Rule of Law
（Oxford University Press, 1986）（共著）

〈訳者紹介〉
初川　満（はつかわ・みつる）
岡山県津山市に生れる。東京大学法学部卒
1982年渡英、ロンドン大学（L. S. E.）大学院にて国際公法を学ぶ
後、R. Higgins 教授に師事し国際人権法を研究
ロンドン大学高等法律研究所、1989年４月より帝京大学専任講師を経て、現在、横浜市立大学教授、国際人権法担当
論　文：国内避難民(Internally Displaced Persons)についての一考察(世界人権問題研究センター研究紀要第１号、1996．3）その他多数
著　書：国際人権法概論（信山社、1994．6）
国際人権法の展開（2004年、信山社）
編　著：二十一世紀の人権（2000年、信山社）
訳　著：ヨーロッパ人権裁判所の判例（2002年、信山社）
訳　書：ヒギンス国際法（ロザリン・ヒギンス著）（訂正第１刷)、2003年、信山社）

人間の法的権利

1991年(平成３年)７月20日　第１版第１刷発行　151-0101
1996年(平成８年)６月20日　第１版第２刷発行(補訂)　151-0102
2003年(平成15年)５月20日　第１版第３刷発行　9326-9-0103
2007年(平成19年)４月20日　第１版第４刷発行　978-9326-5-0104

著　者　ポール・シガート
訳　者　初　川　満
発行者　今　井　貴
発行所　信山社出版株式会社
〒113-0033 東京都文京区本郷６-２-９-102
電　話 03（3818）1019
FAX 03（3818）0344

Printed in Japan

印刷・製本／松澤印刷
ISBN978-4-7972-9326-5 C3332（B0100）分類321.000.a001

事項索引

人名索引

アクィナス（Aquinas, St. Thomas）……31,55
アクトン（Acton, Lord）……226
ウィリアム一世（William Ⅰ）――イングランド国王……27,28,29
ウィルヴァーフォース（Wilberforce, William）……48
ヴォルテール（Voltaire, François Marie de）……225
エドワード三世（Edward Ⅲ）――イングランド国王……33
エルスキィン（Erskin, Sir Thomas）……128
エンゲルス（Engels, Friedrich）……42
カイアファ（Caiaphas）――古代ユダヤ教大祭司……237
グラドストーン（Gladstone, William）……49
グロチィウス（Grotius, Hugo）……37,39,55
ジェファーソン（Jefferson, Thomas）……40,48
ジョン（John）――イングランド国王……29,33,35,42
スターリン（Stalin, Iosif Vissarionovich）……51,52,53
ディッケンズ（Dickens, Charles）……42,184
デュナン（Dunant, Henri）……49
トクヴィル（Tocqueville, Alexis de）……58
トルストイ（Tolstoy, Count Leo）……184
ニーチェ（Nietzsche, Friedrich Wilhelm）……51
バイロン（Byron, Lord）……49
ヒトラー（Hitler, Adolf）……51,52,53,154
プルードン（Proudhon, Pierre Joseph）……42,186
フェリペ二世（Philip Ⅱ）――スペイン国王……34
ペイン（Paine, Tom）……128
ベンサム（Bentham, Jeremy）……44
ヘンリー八世（Henry Ⅷ）――イングランド国王……34
ホームズ（O.W. Holmes）……204
ポール（St. Paul）……47
ボール（Ball, John）……5

マキャベリー（Machiavelli, Niccolò）……………………………20
マルクス（Marx, Karl）……………………………………………42
マンスフィールド（Mansfield, Lord）……………………………48
モンテスキュー（Montesquieu, Charles Louis de）……………37, 38
モンテファルツレェ（Montefeltlre, Federigo da）――
ウルビノ公爵 ……………………………………………………225
ルイ十四世（Louis XIV）――フランス国王……………………25, 37
ルソー（Rousseau, Jean Jacques）……………………16, 37, 184, 185
レオ十三世（Leo XIII, Pope）――法王…………………………43
レーニン（Lenin, Vladimir Ilich）………………………………43
ロック（Locke, John）……………………16, 37, 39, 55, 184, 185, 186

引 用 判 例

International Court of Justice

Barcelona Traction case ICJ 1970, 4 …………86
Genocide Convention case ICJ 1951, 15…………85
Iranian Hostages case ICJ 1980, 4 …………92

Human Rights Committee

Aumeeruddy-Cziffra v. *Mauritius* HRC 36, 134 ………140
Hartikainen v. *Finland* HRC 36, 147 …140,206
Lovelace v. *Canada* HRC 36, 166 ………140

European Court of Human Rights

Airey v. *Ireland* 2 EHRR 305 ………193
Belgian linguistic case 1 EHRR 252 ………206
Campbell and Cosans v. *UK* 4 EHRR 293 ………206
Golder v. *UK* 1 EHRR 524 ………193
Handyside v. *UK* 1 EHRR 737 ………203
Ireland v. *UK* 2 EHRR 25 …………162
Kjeldsen et al. v. *Denmark* 1 EHRR 711 ………206
Klass v. *Federal Republic of Germany* 2 EHRR 214 ………210
Malone v. *United Kingdom* Judgment : 2 August 1984………210
Sunday Times v. *UK* 2 EHRR 245 ………203
Young, James and Webster v. *UK* 4 EHRR 38 ……129,219

European Commission of Human Rights

Amekrane v. *UK* YB 16, 356 …………166
Arrowsmith v. *UK* 3 EHRR 218 ………200
Denmark et al. v. *Greece* YB 12 *bis* …………142
Iversen v. *Norway* YB 6, 278 …………181

Patel et al. v. *UK* 3 EHRR 76 ············164
X v. *UK* (Application No. 7992/77) DR 14, 234 ············200

England

Sommersett's case 20 State Trials 1······48

USA

Filartiga v. *Pena-Irala* 630 F.(2nd)876 ···86,161
Schenck v. *US* 249 US 47 ············204

Upper Silesian Arbitral Tribunal

Steiner and Gross v. *The Polish State* 4 Annual Digest (1927—8), Cases Nos. 188 and 287······51